L'A[

ET UNE MERE

DANS LA DOULEUR

Contact avec la SOURCE, MARIE et JESUS

Marie Immaculée, ma rencontre avec l'au-delà et les esprits supérieurs !

En étroite collaborations avec mes guides, esprits supérieurs dont chaque mot, chaque phrase, chaque page de ce livre ont été approuvées aimées et validées.

Marie Immaculée

Je m'appelle Marie Immaculée, je suis née le 8 décembre 1964 à Dolorès province d'Alicante en Espagne. Non ce n'est pas une blague !

Je viens d'une famille nombreuse et très pieuse, je suis la 3ème d'une fratrie de huit enfants.

Notre arrivée en France

Mon « parachutage » dans ce nouveau pays a été pénible et douloureux pour moi.

Le problème de la langue et la nouvelle union devant Dieu de Maman en France furent une dure leçon de vie.

Je n'ai que trois ans lorsque mon père José maria décède d'une maladie cardiaque après plusieurs opérations.

Cette catastrophe nous a contrainte à quitter l'Espagne mon pays natal. Mes grands-parents qui habitaient Lézignan nous ont généreusement hébergés afin que ma mère puisse se reconstruire.

Une nouvelle Vie commence

Quelques mois plus tard des amis ont présenté Fernando à ma maman, cet homme allait devenir mon beau-père, une personne aimante et gentille qui rêvait de fonder une famille.

Fernando fût sous le charme immédiat de ma maman Trinidad qui faut le dire est d'une grande beauté. Par la suite ils décident de faire un mariage de convenance, une décision difficile à prendre pour eux deux ; Mais comme toute bonne mère ses enfants passaient avant tout.

Nous avons ensuite quitté Lézignan pour rejoindre la région Rhône alpes, lieu de travail de mon beau père.

Pour moi ce fut une terrible épreuve j'étais dans la colère malgré mon jeune âge, je rejetais mon beau-père, je ne supportais pas l'idée qu'il puisse prendre la place de mon père.

J'ai longtemps rejeté son autorité et lui faisait bien comprendre qu'il n'était pas mon père je refusais de l'appeler papa, alors que pour mes frères c'est venu assez rapidement.

Fernando en souffrait au point que ma mère me renvoya chez ma grand-mère à Lézignan pour détendre l'atmosphère à la maison.

Ça prendra quelques années avant que les choses s'arrangent.

J'ai fini par l'appeler PAPA mais je n'ai vraiment compris ce que signifiait ce qualificatif qu'à mon adolescence malheureusement.

Durant toute sa vie il m'a aimé d'un amour fort et puissant comme tout père donne à son enfant, il a toujours été là pour moi, pour nous. Il m'a toujours considéré comme sa fille biologique.

Je remercie Dieu d'avoir permis à mon cœur de s'ouvrir assez tôt pour lui montrer mon amour et ma reconnaissance pour tout ce qu'il a fait pour notre belle famille et moi-même.

Il a attendu que mon cœur cicatrise afin que je puisse lui révéler tout l'amour et le respect que j'avais pour lui. Son décès fut pour moi la première véritable douleur de ma vie d'adulte.

Après ça, je suis restée dans le deuil et le déni pendant plus d'un an et demi. Je lui ai demandé pardon pour toutes ces années où je lui ai fait du mal et Dieu merci pendant plusieurs années j'ai pu par la suite au fil des jours passer ensemble lui prouver tout mon amour et être très proche de lui.

C'était vraiment une belle personne qui avait un cœur immense, qui a consacré sa vie pour notre famille je ne le remercierais jamais assez pour tout cet amour.

De cette union vont naitre 3 enfants 2 garçons 1 fille, YOUPI ! Enfin une sœur dans cette grande famille. Une union heureuse, remplie d'amour, mon père car je l'appel papa nous a donné tout l'amour d'un père à mes quatre frères et moi-même.

Une complicité est née avec les années d'un amour fort et inconditionnel, que je n'aurais jamais cru possible.

Je vous aime fort mes pères José-Maria et Fernando

Jour « J »

Aujourd'hui mon évolution m'a amené à découvrir la personne que je suis, un guide chamane.

Mais avant je dois vous raconter mon parcours de vie, la terrible épreuve subite avant de pouvoir m'ouvrir et évoluer.

La perte d'un enfant est la pire douleur que peuvent subir des parents.

Anthony mon fils de 27ans, ma vie, ma fierté, mon cœur, l'amour de ma vie, ma moitié d'âme m'a été enlevé le 11 mars 2014

Je suis marié depuis 34 ans j'ai quatre merveilleux enfants.

Nous sommes le 11 mars 2014 en matinée, deux de mes fils sont à la maison avec moi pour bécher le Potager et tondre la pelouse.

En fin de matinée je reçois un appel de
ma belle-fille ou là ma vie bascule en
une fraction de seconde, m'annonçant
qu'Anthony vient d'avoir un malaise en
sortant du restaurant et que je dois venir
au plus vite, les secours sont en route.

Je contact mon mari, lui explique la
situation et lui demande de rentrer
immédiatement du bureau.

J'éclate en sanglots, à ce moment-là je
sens au fond de moi, instinctivement
que la situation est très grave.

Anthony est diabétique de type 1
maladie décelée à son adolescence.

Anthony

Nous nous préparons à partir pour nous rendre sur place, le téléphone sonne à nouveau ! Mon cœur bat très fort ! Ma belle-fille me dit que les pompiers sont enfin sur place et prenne mon fils en charge, son cœur ne bat plus ils essayent de le faire repartir.

Elle me tient au courant dès qu'elle en sait plus.

Je termine de me préparer en attendant mon mari. Une demi-heure s'écoule, le téléphone sonne, j'espère avoir de bonnes nouvelles mais là c'est le couperet !

Ma belle-fille en pleure m'annonce qu'ils n'arrivent pas à réanimer Anthony malgré tous leurs efforts. Mais ils ne lâchent rien.

Je veux garder espoir de toutes mes forces mais mon cœur, mon corps, mon instinct me disent autre chose et je me mets à pleurer, crier, je m'accroche comme je peux à cette petite lueur d'espoir.

Mon mari arrive à ce moment-là je lui raconte les choses en détail et je m'entends lui dire on est en train de le perdre il faut qu'on se dépêche, il faut que je vois mon fils. Il me dit, *mais ne t'inquiète pas ça va aller, ce n'est pas possible, notre fils ne peut pas mourir.*

Je demande à nos deux autres garçons s'ils veulent nous accompagner, le plus jeune en pleure me dit *oui* il tremble il a très peur Anthony est son mentor, son dieu mon autre fils ne veut pas venir, il me dit de ne pas m'inquiéter, ce n'est pas la première fois qu'il fait des malaises il va s'en sortir il est en titane. Je lui réponds *comme tu veux mais là, tu te trompes, c'est plus grave.*

Nous prenons la route, ma fille aînée nous contacte sur le portable de mon mari afin d'avoir des nouvelles, nous lui confirmons que nous prenons la route et que nous la rappellerons dès que nous en saurons plus. En larmes elle nous répond *d'accord, j'attends Stéphane et je vous rejoins sur place.*

Elle passera son temps au téléphone avec nous quasiment tout le temps. Ce fut le trajet le plus long de notre vie.

Je pleure constamment, je prie de toutes mes forces pour que mon fils ne parte pas.

Je me dis que ce n'est pas possible, une telle chose ne peux pas nous arriver.

Je prends mon téléphone en mains et espère que l'on me contact pour me donner enfin une bonne nouvelle.

Ma fille était toujours au téléphone avec mon mari sur haut-parleur quand mon téléphone sonne !

C'est une voie que je ne connais pas !

Elle se présente, *je suis la nounou de Kenzy,* (la fille d'Anthony). *Oui bonjour, qu'est-ce qui se passe ?*

Elle me répond *je suis désolée Anthony est parti, les pompiers et le SAMU ont tenté de le réanimer pendant 1h30 sans succès.*

Les derniers mots sont flous mon cerveau fait un blocage je lâche le téléphone et je me mets à hurler de toutes mes forces, *non, non !* Je crie tellement fort que ma fille à l'autre bout du fil en a mal aux oreilles, mon mari crie « non ce n'est pas possible » et mon fils derrière hurle, tape de partout. Nous vivons à ce moment-là un véritable enfer.

Ma fille n'oubliera jamais nos cris et nos pleurs pendant des semaines et des mois.

Arrivé sur les lieux, je vois ma belle-fille en pleurs.

Je lui demande de m'expliquer ce qui s'est passé et de nous emmener auprès d'Anthony, elle nous répond que ce n'est pas possible, compte tenu des circonstances une enquête est ouverte et une autopsie est demandée.

Le lendemain nous somme convoqué à la gendarmerie d'Annemasse pour une audition au sujet de mon fils et de son départ brutal qui reste pour l'instant (ça le restera), incompréhensible pour tout le corps médical.

L'autopsie est prévue à l'IML de GRENOBLE dans 2 jours. Je demande à voir le corps de mon fils, j'en ai besoin.

Mais l'officier de Gendarmerie me le déconseille. *Votre fils a subi une transformation spectaculaire physiquement due aux tentatives de réanimation et des injections de produits par le SAMU et les POMPIERS, il est méconnaissable, attendez quelques jours c'est mieux.* Je suis sous le choc, je ne comprends rien !

L'autopsie sera longue ça prendra une semaine avant de voir mon fils. Le parquet d'ANNEMASSE a ouvert une enquête pour connaitre la raison brutale de ce décès sans explication.

Ce n'est pas normal, un cœur en bonne santé ne s'arrête pas comme ça et surtout si jeune !

Les premiers résultats de l'autopsie obtenus auprès des services de la GENDARMERIE ne sont pas apaisants, les légistes sont abasourdis ils ne trouvent absolument rien.

L'officier de GENDARMERIE nous confie qu'il a rarement vu un corps aussi sain à tous points de vue. Pour moi, ce n'était pas acceptable j'avais un besoin urgent de comprendre et de savoir pourquoi mon fils était parti. C'était devenu ma raison d'être je ne vivais plus que dans l'attente d'une réponse.

Cette attente va durer plus d'un an. Aujourd'hui, ça fait trois ans qu'il est parti et à ce jour je n'ai toujours pas de réponses, ni d'ailleurs de compte-rendu d'autopsie qu'on devait m'envoyer.

L'enquête a même été clôturée par le parquet (c'est plus simple quand on ne sait pas !)

Dieu merci, en trois ans j'ai beaucoup appris et évolué, aujourd'hui je n'ai plus besoin de lire des comptes rendus de médecins. J'ai les réponses de mes guides et de mon fils directement avec qui j'ai des contacts et qui sont toujours auprès de moi, qui m'aident dans ma mission de vie.

« Je t'aime Anthony, continuons à avancer ensemble »

Premier contact avec les guides

Avant de vous raconter les contacts et discussions avec mes guides, compte tenu qu'ils sont très présents dans ma vie, je vais tenter de vous expliquer ce que sont les guides ou être de lumière.

Les esprits appartiennent à différentes classes ils ne sont pas égaux en Savoir, en puissance, en moralité ou en intelligence.

Ceux du premier ordre sont des esprits supérieurs qui se distinguent par leur perfection, leurs connaissances, leur rapprochement à Dieu.

De la pureté de leurs sentiments et de leurs amours du bien, ce sont des anges purs. Les autres classes s'éloignent de plus en plus de cette perfection, s'adhérant aux esprits inférieurs plus enclins aux imperfections, c'est-à-dire la haine, la jalousie, l'orgueil, ils se

complaisent dans le mal, ils ne sont ni
bons ni mauvais.

Plus brouillon que tracassier et que
méchant. La malice et l'incandescence
semblent être leur partage sur les esprits
follets ou légers. Pour en dire un peu
plus sur les esprits supérieurs ce sont
nos guides, nos anges, nos archanges, et
maitre ascensionné.

Au contraire de nous ils ne connaissent
ni la jalousie, l'envie, l'orgueil, la
haine…Ce sont des esprits célestes
divins ayant très bien évolué et qui sont
au plus proche de Dieu. Ces esprits
mêmes à qui on s'adresse tous les jours
pour leur demander conseil ou miracles
et cela du jour de notre naissance
jusqu'au jour de notre mort physique.

Certains plus proches que d'autres mais
ils ont tous la même mission celle de
veiller sur nous en nous laissant toujours
notre libre arbitre, tout en nous aidant
dans notre évolution terrestre et

accomplir au mieux notre mission de vie dans ce mode.

03 Novembre 2014

Premier contact, mes guides m'envoient en rêve des images qui ne sont pas vraiment agréables. Une fillette blonde décédée dans un conteneur à poubelle.

Avec si peu d'information, je ne sais pas quoi faire. Je décide d'en parler à mes amies qui me demandent si je veux entreprendre les recherches. Mais le message est trop incomplet je prends donc la décision de rester à l'écoute et d'attendre.

Quelques jours plus tard, je demande à mes guides et anges de m'aider à faire rentrer cette fillette dans la lumière ce que nous faisons avec tout notre amour.

Vendredi la petite fillette se manifeste auprès de moi, elle est souriante, me dit qu'elle se nomme Marine que maintenant elle est heureuse, elle a retrouvé sa maman et me demande de le faire savoir à son papa.

Au moment où Marine me demande de faire passer ce message, elle n'a toujours pas été retrouvée. Je m'excuse auprès d'elle ainsi qu'auprès de mes guides et anges, mais je ne suis pas encore prête pour une telle mission.

Je remercie mes guides et anges pour leur aide.

25 Décembre 2014

Premier rêve et vision de mon fils Anthony, c'était totalement différent de sa venue quelques jours après son départ.

Ce soir-là je suis partie me coucher en pleurs comme tous les jours, la mort dans la l'âme. Quelques minutes après je sens une présence près de moi, je me redresse et mon fils était la devant moi ! Beau, serein. Il ne parle pas juste un message *je suis la maman je vais bien*

J'ai bien cru que je perdais la tête je fermais les yeux croyant rêver mais non, il était là et voulait que son message soit fort et m'apaise un peu. Cette nuit-là ma nuit a été plus calme.

Je reviens à présent sur mon rêve et ma vision.

Je vois d'Anthony il a cinq ans, il porte un gilet violet et blanc, Avec ses cheveux blond et mi- long Il est magnifique, il me prend dans ses bras et m'embrasse en répétant *ne t'inquiète pas maman ça va aller ne pleure pas ça va aller.* Ces mots-là, il me les disait souvent surtout après une de ses fameuses chutes étant enfant. Il n'avait peur de rien, fort caractère il ne pleurait jamais c'était un vrai casse-cou.

Ensuite mes guides m'envoient d'autres visions d'Anthony à l'âge adulte, rentrant dans la maison en souriant et me disant *c'est moi maman vient dans mes bras profite !*

C'est ce que je fais, je m'accroche à lui comme une sangsue, je le sers et l'embrasse de toutes mes forces.

Il me serre contre lui et me dit *Je ne peux pas rester je suis là pour une mission mais ne t'inquiète pas je reviendrai !* Puis il repart avec le sourire. Il a senti mon mal-être et ma douleur d'où sa visite.

Merci à toi Anthony, à mes guides et anges pour ce moment fantastique où j'ai vraiment pu sentir mon fils dans mes bras.

9 janvier 2015

Nouveau message de mes guides

Une chouette comme messagère le soir du 9 janvier je sors fumer une cigarette sur ma terrasse, il faisait sombre lorsque je vois quelque chose venir vers moi c'était blanc et assez gros, lorsque je m'aperçois que c'est une chouette j'en reste muette.

C'est certain il y a un message ou un présage derrière ça.

La chouette s'approche de moi, j'avoue qu'à ce moment-là j'ai très peur et je rentre chez moi.

Mais tout en continuant à la regarder elle me fixe puis repart.

Le lendemain j'en parle à mes amis et elles me disent, *quelle chance tu as, tu viens de recevoir un sacré message !* En effet, je le pense aussi, mais quel est ce message ?

Je m'empresse de faire des recherches et constate tout de suite que cette messagère (la chouette) me prévient d'un grand changement qui va s'effectuer en moi et que je vais voir ce que les autres ne voient pas.

Depuis, mes guides m'envoient des visions de clairvoyance pendant mes méditations.

Un loup blanc ainsi qu'un aigle. Je pendule et on me dit que le loup blanc est un de mes guides spirituels, l'aigle et la chouette sont mes animaux totems.

Toujours en méditations, mes guides me font voir une de mes vies antérieures et je constate que j'étais un loup blanc.

17 Janvier 2015

En méditation, une chose extraordinaire m'est arrivée.

J'ai senti une présence d'une grande puissance, un grand froid suivi d'un tremblement intense dans tout le corps au point d'arrêter ma séance de méditation un moment.

Je demande à mes guides s'ils peuvent me dire de qui, de quoi, il s'agit.

Je leur pose beaucoup de questions pour savoir qui était présent avec moi à ce moment-là. N'ayant aucunes réponses en pendulant, je leur demande de m'envoyer l'information en vision ou par télépathie.

Elle ne tarde pas à venir !

J'entends Jésus, j'ai beaucoup de mal à le croire mais mes guides me disent d'avoir confiance, il a un message important, sa visite était prévue. Mais je suis trop excitée pour entendre le message et je ne le perçois pas.

C'est tout simplement magnifique et incroyable ce qui m'arrive j'en suis toute retournée. Je demande alors à mes guides si je peux le rencontrer ?

Quelques jours plus tard lors d'une méditation mes guides m'accompagnent auprès de Jésus.

C'était merveilleux et magnifique tout était d'un blanc lumineux il y avait une grande table en pierre blanche avec des bancs et des chaises on me présente aux esprits supérieurs, aux guides, aux anges gardiens et à Jésus, présentation inespérée et inoubliable !

Ça n'a pas duré longtemps mais je me suis demandé pourquoi j'ai eu ce privilège cet honneur ? Qui je suis ? Quelle est ma mission ?

Je remercie mes guides, Jésus pour ce beau cadeau et moment car je dois repartir.

Ce qui m'a marqué le plus, c'est que je voulais plus repartir. Je me sentais chez moi dans mon élément.

Aujourd'hui j'ai ma réponse mais à ce moment-là tout était nouveau pour moi ce fut une rencontre inoubliable.

Lorsqu'une chose comme celle-là vous arrive ça vous marque à tout jamais comme si vous étiez marqué au fer rouge, après il y a plus de doute sur la vie après, sur l'autre monde qui nous entoure. On ne peut que s'ouvrir à la spiritualité, à l'amour de Dieu.

Lors d'une méditation, je demande à mon animal totem qui est l'aigle de bien vouloir m'amener voir les chutes du Niagara.

Pourquoi ? Désolé je suis incapable de répondre !

Quelques minutes plus tard je me sens sortir de mon corps (je suis très régulièrement sujet au phénomène de la décorporation aussi appelé « voyage astral »,

Je survole les chutes, il y a énormément de monde qui se promène ainsi qu'un bateau avec des touristes.

Tout à coup je me retrouve parmi tous ces gens près des chutes, je sens la fraîcheur de l'eau et ressent les éclaboussures.

C'est un moment magique et éblouissant, nous repartons et en chemin je me retrouve dans le désert du moins c'est l'impression que j'ai, là je vois comme un canyon et trois visages incrustés dans la pierre c'est le mont RHUSMORE (je sais ils sont 4).

C'est superbe et quel voyage, quel paysage.

Je me dis *ma cocotte* tu as vraiment beaucoup de chance faire un tel voyage,

expérience rarissime pour en avoir parlé
à mon entourage.

Lors d'une autre méditation, (je médite
tous les jours) je demande à mes guides
si je peux voir mon fils.

La réponse est immédiatement OUI.

Ce que vous vous apprêtez à lire est bien
réel, mes visions sont claires et fortes,
mais pourtant incertaines.

Je m'explique, mes guides s'emblent
m'avoir montré ce que je voulais
vraiment voir et m'empêcher de
commettre l'irréparable.

C'était pour moi vital de savoir mon fils
en sécurité auprès de mes pères.

J'ai appris plus tard qu'Anthony était
toujours avec nous, bloqué entre deux
mondes à cause de toute la douleur que
notre famille dégageait. Quant à lui il
refusait aussi son départ brutal.

Aujourd'hui deux ans plus tard je vais mieux et mon fils aussi il a bien évolué il est vraiment auprès de mon père de sang, qui n'est autre qu'un de mes guides spirituels.

Ensemble ils sont très présents auprès de moi, ils veillent sur moi et m'aident dans mon évolution afin d'accomplir la belle mission que l'on m'a confiée sur cette terre.

Toujours en méditation mes guides me montrent ou mon fils se trouve.

Je suis dans leur monde et j'attends qu'on vienne me chercher.

Soudain je le vois accompagné des guides venant à ma rencontre pour me montrer où il vit.

Nous partons tous ensembles, il me montre la maison qu'il a construit une grande maison avec des colonnes blanches pour pouvoir héberger toute sa famille.

Il semble heureux, il est tellement beau, souriant. Je me sens déjà mieux.

Et la surprise, il n'est pas seul mes deux pères sont avec lui et l'aide je les vois charger du sable dans une brouette et me regarder en souriant mon père Fernando se dirige vers Anthony et le prend par les épaules cette sensation d'amour et complicité entre eux fait du bien à voir.

Ils me font comprendre qu'ils vont bien que je ne dois plus m'inquiéter, je les aime fort ils me manquent tellement.

Je les quitte provisoirement j'espère avec le cœur un peu plus léger.

Ça m'a fait un bien fou de voir que mon fils n'était pas seul et qu'on prenait soin de lui. Je remercie mes guides pour ce moment inoubliable partagé avec moi ainsi que pour leur aide et leur bienveillance envers moi.

16 Avril 2015

En soirée, tout en communiquant avec mes guides, ils m'annoncent qu'ils vont me faire voir quelque chose.

Je n'ai aucune idée de quoi il peut s'agir. Je me prépare donc pour ma méditation quotidienne et la surprise !

Anthony est accoudé à une balustrade sur un pont ou une rivière coule dessous.

Il est vêtu d'un polo blanc, il me fait un grand sourire, je le trouve magnifique.

Je m'avance et là j'aperçois mes guides qui viennent me rejoindre, deux à sa droite et un à sa gauche. Mes guides me sourient et c'est à ce moment-là qu'Anthony me tend les mains, c'est impressionnant je vois ses mains, son visage, j'ai la sensation du toucher comme s'il n'était jamais parti il me prend dans ses bras, je l'enlace de toutes mes forces je lui fais plein de bisous et lui aussi, j'en profite un maximum, ensuite il me dit de lâcher prise et d'aller de l'avant.

Il connaît ma mission et est très heureux pour moi, pas seulement lui mais aussi toute ma famille qui se trouve dans l'au-delà et que tous m'embrassent très fort et pensent à moi.

Anthony me semble très heureux, il est toujours souriant. Mais nous devons partir.

Je prends les mains de mes guides pour les remercier chaleureusement de ce beau présent ils avaient senti que j'avais vraiment besoin de voir mon fils et de lui parler. Merci je vous aime fort.

En repartant mon fils se retourne, me sourit et me dit *à bientôt, je t'aime maman* ! Qu'est-ce que j'aime entendre cela on ne se le dit pas assez souvent de notre vivant malheureusement et ensuite trop de regrets. A méditer, je lui réponds moi aussi je t'aime fort mon fils.

Ma méditation s'achève lorsque soudain je sens les mains de mes guides qui me caressent les cheveux et un gros bisou sur la joue de mon fils Anthony, sensation très forte du bisou.

Quelle belle soirée, que du bonheur merci à mes guides et à mon fils de leur merveilleux cadeau je t'aime Anthony tu me manques.

Mardi suivant,

Ce soir-là mes guides me montrent certaines choses pour m'aider à comprendre à voir, ressentir, à être dans l'empathie.

Je me vois faire la vaisselle dans ma cuisine je prends un torchon, me retourne, et la surprise, il y a une petite fille vêtue avec des vêtements d'une autre époque une robe rose et blanche.

Elle est blonde avec des Anglaises.

Ces flashs ont été rapides mais forts en émotion. D'autres choses se développent en moi. J'évolue.

La première fois que j'ai ressentie la douleur des âmes disparus c'est pour un petit garçon qui jouait sur une cage d'écureuil dans un parc.

Il fait une chute fatale en retombant sur la tête. La douleur que je ressens est très violente au point de me tenir la tête.

Je ne comprends pas immédiatement que cette douleur est celle de ce petit garçon. Cette nouvelle manifestation a été un moment difficile.

Je suis abasourdie de ressentir la douleur des âmes, mais je savais qu'un jour ça allait m'aider dans mon évolution.

La seconde fois, je suis en méditation.

Je ressens une douleur dans la poitrine, je me sens compressée.

Je pense à mon cœur quand soudain je vois un jeune homme dans sa voiture il vient d'avoir un accident. Je regarde l'état de sa voiture, à ce moment-là je comprends le ressenti de la douleur de ce malheureux jeune homme qui vient de quitter son corps physique.

Décembre 2015

Rencontre avec Marie

Je vais vous raconter la belle rencontre qui m'a été permise de faire lors d'une méditation.

J'ai eu l'immense honneur de rencontrer la vierge Marie dans leur monde.

Je suis sortie de mon corps et me suis retrouvé dans l'au-delà où Marie est venue vers moi, elle me prend par les mains et me conduit auprès de son fils Jésus.

Ils me transmettent des messages d'amour est une sensation de paix intérieure m'envahit la vision de Marie auprès de son fils était magnifique.

Marie est d'une grande beauté, un visage lumineux, qui dégage une incroyable sensation de douceur et d'amour qui pénètre à son tour tout mon être.

Avant de repartir Jésus m'embrasse sur le front et Marie me prend dans ses bras moment magique et inoubliable.

A ce moment-là mes anges viennent vers moi et m'emmène avec eux pour jouer.

Ils me font voler et je me retrouve au-dessus de la terre.

Voir d'aussi près la planète Terre de cette façon c'était génial quelque chose que je ne suis pas prête d'oublier.

02 Avril 2016

Ce jour-là nous nous rendons chez C.
pour m'expliquer et débuter mon
acception de la médiumnité.

Derrière la maison de C*, il y a une
falaise.

M. elle me dit *regarde bien la falaise et dis-
moi ce que tu vois !*

Je regarde un moment et j'ai
l'impression qu'elle bouge, qu'elle
avance mais rien de plus.

Je répète ça à M*. et elle me dit que sur
cette falaise plusieurs personnes se sont
suicidées. Je n'ai rien vu à ce sujet.

J'ai compris par la suite que c'était un
test.

Pour que vous compreniez ce test, vous
devez savoir que M*. est médium spirite
et C. médium voyante.

J'ai fait leur connaissance lors d'une
séance contact défunt que M*.
organisait pour l'association B-J.

À la fin de la séance j'ai ressenti le besoin d'aller leur parler, leur demander conseil pour tout ce qui m'arrivait.

En m'approchant, C*. me dit *j'ai rêvé de vous cette nuit je vous ai reconnu c'est vraiment étrange.*

Il y a sûrement une bonne raison à ça surtout qu'on ne s'était jamais vu nous avons discuté un moment et elles ont su que je n'étais pas comme les autres.

Pour elles j'étais médium et je ne le savais pas.

Je devais m'affirmer comme tel et ne pas douter de moi et encore moins de tous ces messages qui me parvenaient.

Je leur demande si elles peuvent m'aider dans la découverte de ma médiumnité, elles acceptent immédiatement et nous convenons d'un rendez-vous chez C*.

Retour à la journée du 02 Avril, sans réelle surprise, j'apprends beaucoup sur moi, sur mon parcours et de tout ce qui m'est arrivé.

M*. me regarde dans les yeux et me dit
tu n'es pas du tout débutante, tu es médium
depuis très longtemps, tu es très protégé et deux
de tes guides spirituels sont ton père et Jésus.

C'est incroyable ! Elle est tout aussi
surprise que moi. A la fin de la journée
je rentre chez moi confiante et heureuse
pour mon avenir.

Merci à M*. et C*. pour leur aide, leur
confiance en moi qui m'ont beaucoup
aidé, à évoluer et m'accepter en tant que
médium.

Le soir en m'endormant je vois le visage
d'une jeune femme blonde, coiffée d'un
chignon.

Elle pleure, me montre sa maison d'une
autre époque. En effet les rues sont
pavées, des calèches circulent.

Elle porte une longue jupe bleue ciel, un
chemisier blanc, un camé sur une
broche. Des bottines blanches aux talons
carrés avec des lacés devant, une
ombrelle, un chapeau et des gants.
Apparence typique du 19ème siècle.

Je la vois rentrer chez elle.

Son majordome lui prend ses effets personnels et lui dit qu'elle a de la visite, un homme l'attend dans le salon.

Je n'ai pas suivi leur discussion mais je sentais qu'elle était très malheureuse. Je ne comprenais pas ce rêve jusqu'au moment où je la vois sur les falaises derrière la maison de C*.

Je vois aussi des hommes, là j'ai compris qu'il s'agissait des personnes qui s'étaient suicidées.

Rêve du 29 Mai 2016

Pour comprendre ce rêve, je dois vous avouer que deux ans auparavant mes guides m'avaient annoncé que je serais amenée dans un futur proche à écrire un ouvrage sur la médiumnité.

On m'envoi en rêve, l'écriture d'un livre ou je parle de la spiritualité et des mondes qui nous entourent.

Je raconte mon parcours, vous fais part des témoignages de personnes qui ont traversé ma route, qui m'ont aidé dans mon chemin de vie.

En rentrant chez moi et on m'annonce que j'ai reçu des livres et que j'ai été publiée je me vois aussi dans une émission de télévision et je parle de mon livre et des témoignages que j'ai pu recueillir.

Je me réveille et me dis c'est le projet prédit par C*. lors d'un tirage de cartes et du message de mes guides 2 ans auparavant.

Rêve du 08 Juin 2016

Ce soir-là entre deux sommeils, je vois un aigle en bois, je le vois ensuite prendre vie il me regarde et s'envole.

Je me réveille et là je me dis mon guide aigle et animal totem me montre ma transformation.

Je leur demande m'en dire un peu plus.

Ensuite pendant mon sommeil je me retrouve avec des policiers je suis à la recherche d'une fille, je rentre dans un immeuble et me retrouve devant une porte d'appartement je rentre et je vois plusieurs personnes.

Parmi eux, des fillettes accompagnées de leur maman pour certaines (toutes ces personnes sont décédées).

Je demande où est la petite fille en bleu, on me la montre du doigt.

Elle est assise en haut de l'escalier c'est une petite fille blonde avec de grosses lunettes, elle me montre ses blessures et me fait savoir que les hommes qui lui ont fait ça sont des policiers.

Ensuite elle me fait voir une scène toutes les personnes décédées sont autour d'une table ainsi que les hommes qui ont commis toutes ces violences physiques (tortures violes…) ce sont des policiers.

Ils ont bien réussi à cacher leur jeu. Je me réveille et me dis mes guides m'envoie des informations pour m'aider à comprendre ce qui me sera permis de voir dans un avenir proche.

Mai et Juin 2016

La découverte de mon âme, qui je suis vraiment.

Lors d'une méditation chamane intense, on me montre une jeune indienne (plus tard je saurai que c'était une guerrière chamane).

Vêtu d'une robe assez longue avec des franges beige clair ornée de plumes blanches, de perles turquoise et blanches. Une ceinture, des bottes montantes entrelacées tout autour de la jambe jusqu'aux genoux de la même couleur que sa robe.

Elle a de longs cheveux noirs avec deux
tresses. Elle monte un magnifique
cheval blanc a cru autour d'elle des
tipis, un feu encerclé d'Indiens et des
champs à perte de vue.

On me montre bien cette indienne je la
regarde et je me rends compte que c'est
moi en plus jeune.

Par cette vision, mes guides me
montrent une de mes vies antérieures et
me font savoir que j'ai gardé dans cette
vie l'Ame de cette guerrière chamane.

Je me rappelle d'une photo de moi
enfant avec des tresses je décide de la
sortir pour la regarder et comparer.

Je porte des tresses comme cette
indienne dans ma vision, en regardant
bien la photo je me reconnais bien en
cette indienne sur son cheval blanc !

Plusieurs semaines plus tard on me fait
savoir que ce cheval blanc que je monte,
n'est autre que le cadeau de mon père

grand chamane guérisseur qu'il m'a offert le jour de ma naissance.

L'après-midi du 19 juin, je suis à la maison avec Isabelle mon ami médium.

Nous faisons de la pâtisserie pour une manifestation avec l'association B-J lorsqu'Isabelle me rapporte que ses guides lui ont dit que nous avons un grand passé en commun.

Dans cette vie de guerrière chamane elle m'a aidé à mettre au monde ma petite fille, c'était un accouchement très difficile Isabelle était chamane guérisseuse dans cette vie-là. Nos âmes se retrouvent dans cette vie pour accomplir ensemble une partie de notre mission, nous nous aidons mutuellement Isabelle en tant que médium guérisseuse et bientôt écrivain et moi en guide chamane et écrivain nous avons de belles choses à accomplir ensemble pour mener à bien notre mission et je crois aussi de belles choses à raconter.

Initiation CHAMANIQUE

Après avoir découvert que je suis et une guide chamane je me lance dans la recherche de complément d'informations sur le chamanisme et les médiums chamanes.

Le chamane voit la terre, les animaux et les hommes comme des entités entières, en évolution qui ont un grand respect de la nature et des animaux.

Le chamane à le pouvoir de communiquer avec les esprits et de pouvoir accéder aux trois mondes ou plutôt les trois niveaux, le bas astral, le monde des esprits et celui des esprits supérieurs pour communiquer.

Le chaman a la faculté de communiquer par le biais de la vision, la télépathie mais il a surtout la possibilité de communiquer par la transe.

Commence alors mon initiation

Rêve : Premier contact avec les entités du bas astral.

Vision lors de méditation : Contact avec des guides indiens dans un autre monde.

Fin août

Rencontre avec Y*. médium chamane.

M*. organise par le biais de l'association une séance « contact défunt ».

Je décide d'y participer pour parler avec mon fils, arrivé sur place je vois Y*. en discussion avec M*.

Je n'ai à ce moment-là aucune idée de qui il s'agit. Nous rentrons tous dans la salle pour commencer la séance, et comme par hasard je me retrouve à côté de Y*.

Mes guides m'avaient dit qu'ils mettraient un médium chamane sur ma route cet été pendant pour les vacances.

Nous faisons connaissance, elle me demande si je suis médium.

Je lui réponds que oui et non ! En fait je suis médium chamane. Elle me sourit et me dit qu'elle aussi.

Y*. me demande si j'ai été initiée au chamanisme je réponds que non.

Nous avons donc décidé de programmer une séance pour une première connexion à la source.

Premières phases ? tambour chamanique.

Début septembre Y*. me contacte, Nous discutons de longues minutes puis elle me demande mon emploi du temps pour le prochain week-end.

Elle me propose une séance « tambour » pour le dimanche après-midi.

Dimanche arrive, très enthousiaste et motivée, j'avais préparé ma pièce avec des bougies, de l'ansent et m'étais assuré que rien ne viendrai perturber cet événement qui dépassait toutes mes espérances.

Y*. arrive, je lui propose un café puis nous nous rendons à l'étage pour commencer.

Je commence par m'allonger et me connecter par la méditation afin de demander à mon animal totem de me rejoindre, pendant que Y*. lance la séance au tambour.

Puis elle me dit *lorsque tu entendras le tambour ralentir et les sept coups, tu devras absolument revenir. C'est très important. Il arrive que pendant ces séances, certaines personnes restent « coincées » et ne peuvent plus revenir.*

Son avertissement me fait très peur, je me concentre pour respecter ses consignes.

Je suis connectée je fais une sortie de corps et je me retrouve à l'endroit où j'avais rencontré la première fois mon animal totem (nous y reviendrons plus tard). Sur place, je patiente mais hélas rien ne se passe.

Je ne comprends pas, j'attends cette apparition mais soudain les sept coups retentissent. Je repars donc et coupe ma méditation.

Je raconte l'expérience qui n'a pas été concluante à Y*.

Ses guides lui disent que je suis trop impatiente, je dois laisser du temps au temps comme pour une graine que l'on plante.

Il faut l'arroser, lui parler et attendre qu'elle pousse. C'est le même scenario pour mon évolution. La douleur suite au départ d'Anthony était trop présente en moi et bloquait inconsciemment mes facultés médiumniques nécessaires à la poursuite et le développement de mon « moi intérieur ».

Je me rends compte d'avoir un gros travail à faire sur « mon moi intérieur ».

Nous avons avec Y*. une longue discussion sur ce qui s'est passé et nous constatons qu'une très grande période de mon existence en est la cause, je suis restée beaucoup trop longtemps sans connexion avec mon animal totem ce qui m'a empêché de recevoir ses messages.

Nous continuons la séance, cette fois-ci je dois rejoindre le grand portail ascensionnel du 09/09/2016 communément appelé « portail 999 »

Je m'allonge pour reprendre ma méditation. Soudain j'entends le tambour et la voix d'une femme indienne qui chante. Il s'agit de Y*. qui chantait, ça me sera confirmé un peu plus tard.

Je sors à nouveau de mon corps physique, je me retrouve face à un magnifique portail blanc et or je commente au fur et à mesure mon voyage à Y*. Elle me demande si ce portail s'ouvre. Ce qu'il fait presque instantanément. Elle me demande,

-Que vois-tu ?

-Des anges, beaucoup d'anges et des esprits supérieurs, on dirait qu'ils m'attendent !

Y*. me demande si je veux qu'elle m'accompagne, je préfère vivre cette expérience seule.

Mais je me heurte à un problème, je ne parviens pas à avancer, quelque chose me bloque. Je lui demande de l'aide.

Elle passe derrière moi, me maintient le torse et la tête en me disant *je vais t'aider !* »

Tout à coups je ressens une étrange sensation que je ne parviens pas à identifier.

Y*. me demande de me libérer de mes émotions, lâcher prise.

Je m'exécute, immédiatement je suis en pleurs, toute ma douleur semble s'évacuer par mes yeux sous forme de larme que je ne peux retenir, mon ventre accompagné de mon système digestif se manifestent par des sons suspects.

A présent je me sens « libérée » de certains blocages émotionnels.

Y*. me sourit tout en confirmant ma réussite, je dois à nouveau essayer de franchir ce magnifique portail céleste !

Je suis devant le portail, les anges et les guide me tendent les mains.

Je parviens à ce moment précis à franchir le portail sans problème, j'ai réussi je suis heureuse et soulagée.

Les anges m'entourent et me félicite ! Soudainement je vois une étoffe bleue, sans aucunes hésitations, je reconnais immédiatement cet être de lumière qui s'approche.

Ce n'est autre que JESUS lui-même, j'en informe Y*. qui n'en croit pas ses oreilles.

Pendant son avancée vers moi, tous les anges s'écartent sur son passage. Il vient à moi et me prend les mains.

Nous partons nous asseoir dans un coin d'herbe entouré de belles fleurs suivi par les anges et les guides. C'est un instant inoubliable, fort en sensations. L'environnement est d'une lumière intense et rassurante.

Nous sommes en cercles lorsque l'Aigle mon guide animal nous survole et nous rejoint.

Il n'y a pas vraiment d'échange verbal, mais je me sens à ma place. Je suis connectée avec eux puis malheureusement les sept coups retentissent c'est l'heure de repartir.

Ils me raccompagnent au portail, je fais un signe de la main en quittant ce lieu magique.

À mon retour auprès de Y*. nous sommes stupéfaites du déroulement de ce voyage complétement inattendu.

Les guides de Y*. lui font savoir que je
suis fin prête à poursuivre mon
évolution, mais je dois à présent la
continuer seule

La première phase consiste à me rendre
chaque jour et pendant 21 jours
consécutifs dans ce lieu merveilleux que
je viens de quitter te que je peux à
présent nommer LA SOURCE.

Y*. me prend dans ses bras et me
remercie chaudement de cette
merveilleuse séance je la remercie à
mon tour je suis libérée d'un poids je
vais pouvoir avancer sur mon chemin de
vie.

Mais avant, Y*. me dit que devons aider
Anthony.

A cet instant il est bien, mais je le
retiens contre ma volonté bien
évidement par ma douleur de mère.

Je dois le laisser poursuivre sa route,
Y*. me propose son aide que j'accepte
avec plaisir.

Nous devions faire ce qu'il fallait après
les 21 jours.

Mais car il y a un mais, je reçois une
information de mes guides.

Information on ne peut plus claire !

Je dois œuvrer seule, c'est à moi seule
d'aider Anthony. La résolution de ce
blocage est entre lui et moi.
L'aboutissement n'en sera que plus
bénéfique pour nous deux.

Le soir même je prends sur moi cette
douloureuse mission et parviens à lui
permettre de rejoindre la lumière pour
commencer son évolution.

Nous sommes tous les deux libérés de
ce blocage. Il va pouvoir à présent
« aller et voler » comme un ange de ses
propres ailes. Quant à moi je me sens
plus légère émotionnellement, mais le
manque, la douleur sont et seront

toujours en moi. Je dois l'accepter pour continuer.

LE PORTAIL

Les 21 jours de méditation pour mon voyage vers le portail céleste commencent.

Je dois chaque jours rejoindre le portail et vous rapporter aussi bien que possibles tout ce que l'on me permettra de voir, de comprendre.

Jour 1 :

Je m'allonge accompagnée d'une musique douce et relaxante pour rejoindre le portail.

J'y suis ! Il s'ouvre, je le franchis sans problème, je vois des silhouettes en promenade, j'avance, regarde autour de moi, vois des fleurs, une cascade d'eau. C'est magnifique je décide de m'en

approcher, je sens la fraîcheur de l'eau
c'est incroyable cette sensation. Je
m'arrête puis tourne la tête sur ma
droite. A ce moment précis j'aperçois
mon second guide animal qui est un
loup blanc. Il court vers moi, je n'ai
absolument pas peur nous nous
connaissons déjà.

Ce sont des grandes retrouvailles, il
s'approche de moi pour me saluer à sa
manière, encore un instant magique.

Puis l'aigle vient nous rejoindre il se
pose à côté de nous et me regarde avec
ses grands yeux il est majestueux. Nous
restons ainsi un moment à contempler le
paysage pendant un court instant.

A présent je dois repartir. Je me lève et
me dirige vers le portail, tout en
m'éloignant je leur fais un signe de la
main.

Jour 2 :

Je reprends ma séance comme hier, avec la même musique. Je passe le portail, j'avance, regarde mes pieds et je m'aperçois que je marche sur des petits pavés blancs. Tout autour il y a de l'herbe et des fleurs.

Des anges et guides vont et viennent. Ils me regardent et me sourient comme si je faisais partie de leur monde.

J'avance jusqu'à la cascade, peu de temps après mes Anges sont à mes côtés, ils m'entourent, ils rayonnent de beauté.

Un de mes Anges est un homme, il est brun. Mon second Ange et une femme aux cheveux longs blond vénitien.

Peu de temps après d'autres Anges se joignent à nous, nous partons tous ensemble nous promener dans ce magnifique paysage.

Ils me font découvrir l'endroit qui est très boisé et fleuri, je vois aussi beaucoup de bancs en pierre blanche, au loin un pont ou coule une petite rivière, ça sera tout pour aujourd'hui. Je n'irai pas plus loin, je sens que je dois partir.

Demain peut-être on m'autorisera à traverser ce pont.

On me raccompagne nous nous disons au revoir. Je passe le portail qui se referme derrière moi.

Jour 3 :

Je reprends ma séance dans les mêmes conditions que précédemment.

J'arrive devant le portail, je regarde avec stupéfaction en constatant que ni mes Guides ni mes Anges n'étaient là pour m'accueillir.

J'essaye malgré tout de passer le portail, je patiente à l'entrée et scrute l'environnement pour savoir où aller.

Je décide de me rendre vers la cascade.
Cet endroit est magnifique, je me sens
en paix, mais j'attends avec impatience
que l'on vienne à moi, mais il semble
que je vais devoir avancer seule pour
l'instant.

Je décide donc de reprendre le chemin
que mes anges m'avaient montré la
veille.

J'arrive à hauteur du pont ou coule la
rivière, j'avance, m'arrête à mi-chemin
pour la contempler, la voir courir vers ce
point qu'elle seule connait. Son lit est
recouvert de pierre dont la luminosité de
l'endroit reflète sur elles.

Je continue mon chemin sur ma droite je
vois un banc en pierre blanche et sous
les arbres un joli coin de verdure
l'endroit est apaisant.

Au loin j'aperçois à mon grand
étonnement une ville toute blanche et
qui me semble immense. Je vois de
l'activité, ça bouge. Y a-t-il de la vie ?

Je suis toute excitée à l'idée de me rendre sur place mais vais-je en obtenir l'autorisation ? J'ai le sentiment que oui !

Je ressens qu'il s'agit du monde des esprits, celui du second palier comme on le nomme.

Je contemple ce second palier du dessus, je réalise avec stupéfaction que je suis au niveau supérieur qui n'est autre que celui de la SOURCE.

J'ai le sentiment que l'on va me permettre de voir et visiter ces trois niveaux, les trois mondes comme je dis souvent.

Pour l'instant, je sais que je ne peux accéder seule à « ce monde ». Je décide donc d'entamer mon retour vers le portail.

En chemin je m'arrête pour me reposer sur un de ces bancs de pierre et savourer cette paix qui m'entoure

La lumière me traverse, je m'allonge et profite d'elle, de cet instant.

Je suis si bien que je ne veux plus bouger ne serait-ce qu'une paupière.

Malheureusement il est l'heure de repartir, je suis restée plus longtemps que d'habitude.

Je continue tranquillement mon chemin en regardant de partout, l'endroit est vraiment magnifique.

Je suis devant le portail, je suis prête à le passer. Instinctivement, je me retourne et quelle fut ma surprise ? Mes Guides et mes Anges étaient là, souriants. Tout au long de ma visite, ils étaient auprès de moi mais avaient décidé de me laisser dans l'ignorance, me laisser découvrir seule ce qu'ils m'autorisaient à voir lors de ce troisième voyage tout en gardant un œil sur moi.

Je venais de comprendre le but de cette visite effectuée sans eux à mes côtés.

Je suis très heureuse de les voir avant de partir, je les salue, passe le portail qui se referme.

Jour 4 :

Reprise de ma séance, je suis à nouveau devant le portail, comme hier personne ne m'y attend. Je décide alors de me rendre à la cascade et attendre.

Peu de temps après je vois mes guides ainsi que d'autres esprits supérieurs qui viennent vers moi ils restent debout puis me font comprendre que je dois les suivre.

J'ai pensé que nous allions partir du côté droit comme d'habitude mais nous prenons un autre chemin. Je vais découvrir l'endroit où ils vivent et ce que je vois est absolument gigantesque, d'une beauté incomparable, tout est blanc, j'ai vraiment l'impression de découvrir une ville du style gallo-romain, des grandes colonnes entourent un espace qui semble être l'endroit où ils se réunissent du moins c'est l'impression que j'ai.

Toutes les maisons et bâtiments me semblent familiers, il y a de beaux jardins fleuris. Ils ont tous un endroit pour se ressourcer, même si je vois beaucoup d'esprits se promener, leur tâche n'est pas moindre ils ont de quoi faire pour l'univers.

Après cette visite nous retournons tout doucement vers le portail, il est l'heure pour moi de rentrer.

Je suis émerveillée d'avoir eu l'honneur et le privilège de découvrir leur monde je passe le portail heureuse, les remercie et leur fais un signe de la main en leur disant *à demain*.

Jour 5 :

Je me prépare à méditer et avant même de commencer je comprends que je suis attendue.

J'arrive devant le portail, il s'ouvre et avant même de le passer je vois du monde qui m'attend. Je ne sais pas encore pourquoi mais j'avance, au fur à mesure je reconnais mes anges mes guides avec d'autres esprits supérieurs.

Je me demande ce qu'il se passe ! Ou vont-ils m'emmener.

J'arrive devant eux, Ils me saluent me prennent la main, un de mes Ange passe son bras autour de mes épaules.

Nous commençons la visite par le chemin à droite, j'avais donc une petite idée de l'endroit où nous nous rendons.

Nous marchons, je suis entre mes Anges et mes Guides, je les regarde à tour de rôle, je me sens toute petite à côté d'eux !

Plus nous avançons et plus je reconnais ce chemin. Nous nous dirigeons au niveau inférieur ou j'avais déjà vu cette grande ville de loin.

Mon guide Jézabel me donne la main et mon ange me tient par les épaules nous nous retrouvons au-dessus de cette ville, j'ai les pieds dans le vide mais je suis en confiance et proche en même temps.

Je vois les maisons, les lacs de belles rangées de fleurs de la verdure

Je vois des silhouettes jardiner, se promener, discuter, et se reposer au bord du lac.

Une ville comme les nôtres ! Mais entièrement blanche

Je reste un long moment à contempler toute cette animation, mais j'ai l'impression d'être invisible pour eux.

Nous sommes restés tout le temps au-dessus, j'ai compris que le moment de les rejoindre n'était pas venu.

Pourquoi ?

Je ne sais pas encore. De toute façon je dois laisser les choses se faire d'elles-mêmes, quand ce sera le bon moment on me le fera savoir.

Il est temps de rentrer pour moi, nous reprenons le chemin inverse pour le portail.

Chacun m'embrasse et me laisse passer le portail, je les salue. Ma méditation est terminée.

J'attends avec impatience demain !

Jour 6 :

Comme tous les jours je commence ma séance de méditation pour reprendre mon voyage. Me voici devant le portail.

Je ne vois personne, je me dirige alors vers la cascade. Je reste sur place assez longtemps sans que personne ne vienne.

Je décide alors de me promener toute
seule et d'aller voir le niveau inférieur.

Arrivé à proximité du pont je vois mon
Guide loup qui vient vers moi en
courant, il est content de me retrouver et
me le fait savoir, il me regarde avec ses
grands yeux et à ce moment-là je
ressens que sa présence à mes côtés est
pour ma protection.

Je ne peux pas aller plus loin sans lui, on
avance tous les deux lorsque j'aperçois
l'autre monde mais de loin, nous nous
regardons et je comprends que nous
n'irons pas plus loin.

Quelques instants plus tard, il me fait
savoir qu'il est temps pour moi de
rentrer, il me raccompagne, sur le
chemin du retour, il se comporte comme
nos animaux de compagnie ici sur terre,
ensemble, nous jouons comme un maitre
et son chien en promenade dans un bois
le dimanche.

Nous arrivons au portail je le caresse
pour lui dire au revoir tandis que lui me

lèche le visage comme si il voulait m'embrasser.

Il me regarde passer le portail, je lui fais un signe et là je l'entends pousser un hurlement. Je suis surprise, je comprends alors que c'est sa façon à lui de me dire au revoir.

Jour 7 :

Je viens de passer une très mauvaise nuit, samedi lors d'une soirée chez mon ami Isabelle j'apprends que le médium chamane qui doit m'initier n'est pas celle à qui je venais de confier mon initiation et qui m'avait confié cette mission des 21 jours d'ouverture de cœur (voyage céleste par la méditation).

En effet, une personne présente, médium également me dit qu'un chaman ne doit jamais laisser son « élève » seul pendant ce que je croyais à ce moment la être mon initiation.

Pendant ces 21 jours un voyage dans le bas astral doit être effectué et il est bien trop dangereux de le faire surtout sans un garde-fou pour ramener la personne en cas de problème.

À partir de là ma « tête est en ébullition cherchant coute que coute à comprendre cette situation.

Les personnes présentent me disent, de me poser les bonnes questions, d'écouter mon cœur, de chercher en moi et demander l'aide de mes Guides.

C'est ce que je fais le soir même et le lendemain à mon réveil tout est limpide.

On n'a pas mis cette personne sur mon chemin pour rien.

Effectivement Y*. était là pour ouvrir mon cœur, me préparer et aussi me permettre de faire sortir ce blocage. Tout ceci allait me permettre entre autre d'aider mon fils à aller dans la lumière.

Ce matin-là je contacte Y*. et lui laisse un message lui demandant de me contacter, ce qu'elle fera le lundi après-midi.

Aussi bizarre que ça puisse sembler, nous avons au même moment le même message soit,

Me préparer à « l'ouverture du cœur ».

Mais son aide doit s'arrêter là, elle n'est pas prête pour assumer l'initiation.

Je demande alors à mes Guides si un chamane est prévu sur ma route. Ils confirment.

Mais revenons à mon voyage céleste.

Ce matin, j'ai vraiment beaucoup de mal à me concentrer, manque de sommeil, stress m'en empêchent. Mais je suis déterminée, je veux absolument rencontrer mes Guides et mes Anges, j'ai vraiment besoin de comprendre ce qui se passe !

Me voilà devant le portail tant bien que mal et la surprise, ils sont tous là et

m'attendent. Je suis heureuse ils ont
bien entendu ma prière.

Ils me prennent dans leurs bras puis un
de mes guides m'encercle le visage et là
je me vois illuminée d'une lumière
aveuglante qui me traverse le corps mais
qui me fait du bien.

Je me dis *il m'envoie de l'énergie positive* »
puis il place sa main sur mon cœur et
j'entends plusieurs fois *écoute ton cœur,
écoute ton cœur, recentre-toi et écoute ta voix
intérieure*. Ce conseil m'a fait
énormément de bien, je me sens plus
calme et détendue. Mon voyage s'arrête
là pour aujourd'hui, ils me
raccompagnent et je passe le portail
jusqu'à demain.

Jour 8 :

Ce matin je suis indécise, je ne sais pas
si je dois continuer mes méditations.

J'aimerais que Y. m'appelle pour
éclaircir certains points, ce qu'elle fera.

Ce n'est qu'après notre entretien que je
décide de continuer cette méditation de
21 jours.

Ce soir-là je m'installe et commence, je
ne sais pas ce qui m'attend mais j'ai
l'esprit libre et je me sens bien, je
rejoins le portail, encore une fois je ne
vois personne, je me dis qu'il est tard ils
doivent être bien occupé.

J'avance tranquillement lorsque je vois
mes Guides s'approcher vers moi en
courant ! Je ne vous dis pas ma surprise,
mais je n'ai pas peur, je sens au fond de
moi qu'il ni y a rien de grave. Ils sont
comme d'habitude radieux et se sont
presque jetés sur moi avec des grands
sourires, ils me prennent par les mains et
nous voilà repartis en courant et riant

Nous prenons un chemin que je ne connais pas, d'un seul coup nous nous sommet retrouvés devant un paysage magique d'une beauté à couper le souffle, des plaines, des vallées, des montagnes, à l'infini.

C'était d'un vert lumineux, d'une grande beauté.

Ils me demandent de m'assoir, de respiré cet air pur et de fermer les yeux un moment et de me détendre.

Je sens le parfum des montagnes et des vallées, je prends des grandes inspirations pour me nourrir de toutes ces bonnes odeurs et j'ouvre les yeux.

J'ai beaucoup de mal à détourner mon regard, cet endroit est tellement paradisiaque, je n'ai jamais rien vu de si beau de toute ma vie. Mes guides décident de me montrer autre chose, je suis impatiente de savoir où nous nous rendons.

Nous prenons à nouveau un chemin inconnu pour moi, et nous nous retrouvons face à une immense prairie parsemée de milliers de fleurs de toutes les couleurs. C'est encore une fois pour moi époustouflant,

Je touche délicatement ces fleurs magnifiques, m'imprègne de leur parfum et ne peux que constater la magnificence de l'endroit idéal à mon avis pour se ressourcer.

Mais ce n'est pas tout, ils me demandent de les suivre pour nous rendre au sommet de cette colline, qui d'en bas me semblait impossible à atteindre.

Bien évidement son ascension a été pour moi d'une simplicité inouïe, dans ce monde rien n'est impossible, tout est à notre portée.

Arrivée en haut, j'ouvre grand les yeux et ne peux m'empêcher de pousser un *waouh !* Je surplombe tout ce qui m'avait été montré jusqu'à présent et plus encore.

Je ne distingue pas de fin, c'est
immense, lumineux, d'une rare
beauté…. C'est un cadeau magnifique
qui vient de m'être offert.

Je les remercie chaleureusement pour
cette visite magique, ils me
raccompagnent tous au portail je les
prends dans mes bras avec les yeux
remplis d'émotions et de joie et je repars
en sautillant comme une « petite
écolière », avec un cœur, mon cœur
débordant de bonheur.

Jour 9 :

Je me prépare pour ma méditation, je
prends mon temps pour me rendre au
portail pourquoi ? Je ne sais pas mais
c'est comme ça.

Lorsque j'arrive enfin, je me rends
compte encore cette fois qu'il n'y a pas
grand monde, et me dirige aussitôt vers
la cascade. Je me dis intérieurement
« on verra bien une fois sur place ! »

Je patiente un long moment, je suis si
bien, ce lieu est si calme et si paisible
que ça ne me dérange pas de rester
seule. Soudain je pense à notre
excursion d'hier et me dis pourquoi
pas ! » Je me lève et me voilà en route
vers la colline ou l'on m'avait emmené
hier.

Je retrouve facilement le chemin, je
prends tout mon temps je savoure ce
calme et enfin me voilà sur place.

Je m'assois et observe lorsque j'entends
un bruit derrière moi, c'était mon Guide
loup il a dû sentir ma présence, il vient
vers moi, je le caresse, on se regarde j'ai
l'impression qu'on se comprend juste
avec le regard et là en levant les yeux je
vois mon autre Guide, l'aigle il survole
majestueusement les plaines avant de
nous rejoindre et nous nous retrouvons
tous les trois pour profiter de cet instant.

Quand soudain mon loup se retourne, je
me retourne à mon tour et vois mes

guides qui viennent vers nous, je sens leur surprise de me trouver ici.

Ils me font savoir que je ne dois pas me rendre seule à certains endroits car ça pourrait être dangereux, je ressens la peur que mon initiative a déclenché en eux et prends leur avertissement très au sérieux

Après ce « recadrage », nous faisons demi-tour pour rentrer, ça fait longtemps que je suis partie alors il me raccompagne tous au portail.

Je les remercie tous et m'excuse pour mon initiative inconsciente. Ils ne m'en veulent pas, ils ont été justes un peu inquiet j'ai promis d'être plus vigilante la prochaine fois que j'irai me promener seule et leur dis à demain. Je passe le portail avec en moi la surprise de leur inquiétude, je ne pensais pas qu'un danger pouvait exister dans ce monde pour nous, je me sentais totalement protégée avec mes Guides et mes Anges.

Jour 10 :

Je me prépare tout en pensant à ce que je vais bien pouvoir faire et voir aujourd'hui.

J'arrive devant le portail il y a du monde, je ne m'attendais pas à cette surprise vu que j'étais seule les jours précédents. J'avance un peu et vois mes guides, mes anges et d'autres esprits supérieurs en pleine discussion.

A cet instant je me demande ce qu'il peut bien se passer. Ils se retournent tous, me saluent et s'avancent pour me prennent les mains.

Nous voilà partis, je ne sais toujours pas ou nous allons. Nous arrivons sur le pont, je me dis que nous allons certainement retourner vers « la ville » ou plutôt la survoler. C'est bien ce que nous faisons ! A ma grande surprise cette fois nous descendons, je suis enfin autorisée à me rendre à ce niveau inférieur

Nous nous mettons en marche lorsque
nous sommes rejoints par d'autres
esprits. Ma visite commence.

Je vois de près tout ce que j'avais vu et
aperçu de là-haut mais en mieux. Ils ont
tous l'air heureux chacun vaquant à ses
occupations tous font un signe de tête
lorsqu'ils nous croisent.

On nous fait rentrer dans un grand
monument de plusieurs niveaux.

C'est le siège où toutes les décisions
sont prises pour ce niveau,

On ne me montre pas tout, il y a
énormément de monde qui s'affaire à
leurs taches.

On nous fait rentrer dans une grande
pièce blanche avec de grandes baies
vitrées la vue est superbe nous
surplombons quasiment tout le niveau
inférieur.

A l'horizon je vois des prairies, des
habitations, et plus loin j'aperçois la mer
du moins c'est ce que je pense avoir vu.

Je me sens très bien, j'avance tout
doucement. La visite se termine nous
repartons, j'étais émerveillée, sous
l'emprise de ce beau cadeau qui venait
de m'être fait.

Je suis devant le portail, je remercie tout
le monde chaleureusement et continu
mon chemin non sans leur faire un
dernier signe de la main et en leur
envoyant un baiser de la main.

Jour 11 :

C'est la fin de matinée, je trouve enfin
le temps de méditer.

J'arrive au portail, c'est très lumineux je
mets ma main en visière sur mes yeux.

J'aperçois mes guides et mes anges près
de la cascade, ils m'attendent avec le
sourire. Je m'excuse pour mon retard.
Ils me font signe, nous nous éloignons
de la cascade pour nous retrouver au
calme, nous nous asseyons sur l'herbe
en cercle, on se donne la main.

Je comprends qu'ils veulent que je médite, que je me reconnecte à la terre et que je lâche prise. C'est ce que je fais.

La méditation s'achève, nous nous levons et prenons le chemin de la cascade. Arrivé à destination, je ressens le besoin de me connecter à l'eau. J'enlève mes sandales pour patauger au bord de cette belle cascade. De toute évidence c'est ce qu'ils voulaient. J'étais connectée, détendue.

J'en avais besoin. A présent je suis prête et je dois repartir. Je les remercie, nous nous disons au revoir.

Jours 12 & 13 :

Deux jours de stress et de doute après ces 11 jours de « voyage » je pose énormément de questions, me demande si tout ce m'arrive n'est pas le fruit de mon imagination ! Mais je m'accroche, convaincu que NON je vais tenir et tout faire pour terminer ces 21 jours de voyage céleste.

J'ai eu beaucoup de mal à me vider la tête mais arrivé au portail on m'attendait. Mes guides et mes anges me prennent par les épaules et m'accompagnent vers un endroit calme et reposant.

Nous nous asseyons tous en cercle pour une méditation commune j'en avais grand besoin. Le lendemain même scénario sauf que cette fois-ci je suis seule, je m'installe donc face à la cascade, je suis sereine, détendue. Je rentre confiante et reposée, très ressourcée.

Jour 14 :

Promenade avec Mon loup et guident sous la lune (incompréhensible puisque le jour et la nuit n'existent pas dans l'autre monde) à ce jour je n'ai toujours pas de réponse !

Nous sommes dimanche, une journée
bien remplie m'attend, je ne prendrai le
temps de méditer qu'à la tombée de la
nuit. Lorsque j'arrive au portail ils
étaient là mais il ne m'attendait plus ! Ils
décident de faire une bonne promenade
sous le clair de lune, je vois la cascade
qui est superbe sous cette lune. Au bout
d'un moment nous nous asseyons pour
admirer ce beau paysage éclairé par la
lueur de la lune lorsque mon guide loup
vient me rejoindre et pose sa tête sur
mes cuisses je le caresse, puis il
s'allonge à coté, je fais de même et pose
ma tête sur son flanc. Je ferme les yeux
je suis bien je ne vois pas le temps
passer. Soudain je sens la présence de
mes guides au-dessus de moi j'ouvre les
yeux, je les vois souriants, ils me font
comprendre qu'il est l'heure de rentrer.
Ils me raccompagnent au portail, une
dernière embrassade et je repars
péniblement. J'étais vraiment bien.

Jour 15 :

Aujourd'hui je décide de mettre de la musique indienne pour ma méditation. Certains morceaux étaient rythmés.

J'arrive au portail en dansant avec la musique en tête, je le passe en tourbillonnant, chantant et dansant.

Je vois beaucoup de monde, mes guides, mes anges et d'autres esprits supérieurs. Ils me regardent en souriants, je les sens heureux de me voir arriver ainsi devant eux, ils applaudissent.

Un des esprits supérieur bouge et se déplace vers moi, il me fixe du regard avec ses grands yeux noirs et sa longue chevelure blanche.

On me le présente, mais je savais déjà de qui il s'agissait. J'avais devant moi mon père spirituel chamane c'est lui qui va m'initier au chamanisme.

Il me prend dans ses bras me sert fort puis il me prend le visage et m'embrasse sur le front tendrement.

J'étais sous le choc et en même temps émerveillée, heureuse. Je lui demande s'il peut m'apprendre des chants indiens et m'enseigner l'art du tambour. Je lui demande aussi confirmation sur mon initiation chamanique sous sa direction.

Il me répond que oui, puis il pose sa main sur mon ventre et me dit *c'est déjà en toi dans ton âme ça viendra, laisse les choses se faire, tout est déjà en toi.*

Il doit repartir, il m'embrasse et me dit à bientôt. Je le regarde s'en aller et reste un moment avec mes guides et mes anges, je leur souris, et les remercie pour ce magnifique présent.

Ils sont heureux pour moi et me disent *tu étais prête, les choses bougent pour toi.* Je repars chambouler mais heureuse.

Jour 16 :

Aujourd'hui je ne verrai rien de spécial en passant le portail, personne pour m'accueillir. Je vais donc aller me promener seule. Sans vraiment m'en rendre compte, je me retrouve devant le pont. Je décide de le franchir, au loin j'aperçois le niveau inférieur je ne m'en approche pas, je sais que je ne dois surtout pas mi rendre seule. Je fais donc immédiatement demi-tour pour rejoindre la cascade et me relaxer.

Ma relaxation est courte, je dois repartir.

Cette 16ème méditation a été la plus courte, mais très bénéfique en détente et relaxation.

Jour 17 :

Je passe le portail, comme hier personne ne m'attend.

Je me dirige vers la cascade pour me détendre, sur place j'enlève mes sandales et marche au bord de l'eau il y a un petit courant, je lève la tête en et savoure cette plénitude lorsque mon animal totem l'aigle fait son apparition. Il se dirige vite vers moi. Il se pose près de moi, je sors de l'eau pour le rejoindre, il me fixe avec ses grands yeux j'ai l'impression qu'il a un message pour moi mais je ne comprends pas peut-être que plus tard ça viendra.

Je caresse sa belle tête blanche et il s'en va ! Je fais comme lui, mais je ne me dirige pas vers le portail, j'ai envie d'explorer un peu.

Alors je prends un chemin que je ne connais pas, au bout de ce chemin très verdoyant j'aperçois à ma grande surprise une grande et belle fontaine avec une eau claire qui s'écoule. Elle est entourée de fleurs, et d'allées immenses parsemées de sapins, d'arbustes.

C'est époustouflant, je ne savais pas où aller, j'ai peur de me perdre. Soudain un problème surgit pendant ma méditation, je commence à m'endormir j'ai des flashs et des visions qui n'ont plus rien à voir avec l'endroit où je me trouve lors de ma méditation. Je ne parviens pas à reprendre le contrôle et me réveiller.

Le temps passe, je dois repartir mais je ni parviens pas ! Mais grâce à l'aide de tous les esprits supérieurs qui m'entourent, je reprends le contrôle d'un seul coup sans savoir pourquoi ni comment.

Je ferme à nouveau les yeux pour vite passer le portail.

Ma méditation terminée, j'ouvre les yeux et je me sens très fatiguée. Je pense vraiment avoir eu la chance d'être sous la protection de la SOURCE, je suis passée à côté d'une situation qui aurait pu être traumatisante pour moi et ma famille.

Jour 18 :

Jose-Maria mon père.

Déjà 18 jours, le temps passe vite, je me prépare à méditer tout en espérant voir des belles choses ou faire une belle rencontre.

J'arrive au portail, personne pour m'accueillir !

Je suis indécise, je ne sais pas trop où aller, je marche droit devant moi tout en pensant, c'est bizarre trois jours de suite sans visite !

Je marche tranquillement tout en sentant une présence derrière moi, je me retourne, rien ! Je continue et je sens toujours cette présence, je m'arrête regarde derrière moi, toujours rien.

Je fais mine de continuer et du coin de l'œil je vois des mouvements, je souris, les cachottiers ils se cachent, ils ont beaucoup d'humour et aime beaucoup s'amuser. Je fais mine de rien et d'un coup ils se jettent sur moi en riant, j'ai sursauté puis beaucoup rigolé avec eux.

Je leur demande où ils étaient passés car nous sommes déjà au 18e jour. Je demande le « programme » d'aujourd'hui.

Il me montre du doigt la direction à prendre, nous avançons puis arrivé à l'approche du pont nous prenons un chemin sur la droite. Je suis curieuse, je ne sais pas du tout où ils m'emmènent.

Au bout d'une longue marche, j'ouvre les yeux en grand. Ce que je vois est d'une grande beauté, une magnifique roseraie. Des milliers de roses de toutes les couleurs et à perte de vue.

Des allées pleines de belles statues d'anges, nous pénétrons dans cet endroit magique, les roses dégagent leur parfum c'est envoûtant.

Lorsque devant nous apparait une grande bâtisse blanche de 3 niveaux, avec des colonnes et de grands escaliers.

Il y a beaucoup de monde autour, nous prenons les escaliers, les portes s'ouvrent toutes seules comme par magie, c'est gigantesque à l'intérieur, des portes, des escaliers à n'en plus finir.

Nous arrivons au dernier niveau, une grande et imposante porte s'ouvre, je suis aveuglée par une puissante lumière.

Nous avançons, je vois des silhouettes, mais ne parviens pas à distinguer leur visage. Soudain je vois un homme, avec une chevelure noire qui me tourne le dos, je m'arrête, je sens au fond de moi que cet homme ne m'est pas inconnu. Il s'agit de mon père José-Maria j'ai du mal à en croire mes yeux, j'avais espéré ce moment depuis très longtemps. Mon père se retourne, me regarde je découvre son visage, pendant quelques secondes, je reste figée, tétanisée il est exactement comme dans mon souvenir, très grand et très beau ! Je me jette alors dans ses bras.

Il me sert fort, nous restons enlacés un grand moment puis il me dit *Macu mi hija* Macu est le surnom que mes parents m'avaient donné petite. « Mi hija » ma fille en Espagnol.

Il me prend alors le visage de ses mains puis me dit « quelle joie de te voir je t'ai vu devenir une femme, une bonne personne, je suis très fière de toi ».

Il me reprend dans ses bras, m'embrasse, nous restons enlacé, je suis émue, bouleversé (encore à cet instant en écrivant ces mots je ne peux retenir mes larmes) mais tellement heureuse de l'avoir vu.

Quand le moment arrive de nous quitter, je ne peux me résigner à partir, c'est trop dure j'ai attendu ce moment tellement longtemps que je ne peux me résoudre à le laisser m'échapper encore une fois. Ce manque depuis mes 3 ans vient enfin d'être comblé et je refuse de le ressentir à nouveau !

Je sens les larmes arriver, je ne peux pas les retenir, je regarde les yeux de mon père, je les perçois humides et tristes, mais il me dit que nous nous reverrons bientôt maintenant que le premier contact a été établi.

Je me décide donc non sans douleur à rentrer, entourée de mes guides et mes anges jusqu'au portail. Avant de le passer, je m'arrête, les regarde et les remercie chaudement de ce merveilleux cadeau que je n'oublierai jamais ! Ils étaient heureux et émus pour moi.

Devant le portail, je les enlace chacun à leur tour tout en réitérant mes remerciements encore et encore.

Je passe le portail heureuse et triste en même temps mais l'esprit plus libre.

En me réveillant, j'avais les yeux gonflés, j'avais vraiment pleuré !

Jour 19 :

Rencontre avec mon fils Anthony et mon beau-père Fernando

Aujourd'hui c'est le 19e jour, après ce que j'ai vécu hier je ne sais pas ce qui m'attend peut-être une méditation ensemble ?

Lorsque j'arrive au portail, je vois mes guides au loin, je pense que nous allons certainement aller nous promener.

Arriver vers eux je les salue et leur demande le programme de ce séance.

Ils me confirment que nous allons bien faire une promenade. En marchant, je leur confie que je suis encore toute retournée de ce qui s'est passé hier, la rencontre avec mon père José-Maria. Ils me sourient.

Je regarde devant moi et je vois mes anges venir vers nous, je les salue et j'en profite pour les remercier de leur message via l'heure miroir de ce matin.

Ils me répondent que j'ai fait un bon travail d'ouverture sur moi et que je vais vite évoluer.

Nous nous retrouvons rapidement sur le pont en direction d'une ville encore inconnue pour moi. Je suis surprise car je pensais que nous allions aller une nouvelle fois dans la ville que je connaissais déjà.

Nous continuons de marcher un long moment. Nous arrivons enfin devant des maisons, ça ressemble énormément à un lotissement avec des jardins privatifs comme nous avons sur terre. C'est très animé, je vois des familles qui s'affairent à leur quotidien.

Puis nous arrivons devant le portail d'une jolie maison fleurie bordée de sapins. Nous passons le portail en direction de la demeure jusqu'à la porte d'entrée que nous passons. A cet instant je me demande qui vais-je rencontrer ? Lorsque j'aperçois trois silhouettes, l'une est Fernando mon beau-père. Je

suis une nouvelle fois sous le choc du
cadeau qui m'est fait, exactement
comme hier c'est trop beau,
réconfortant, apaisant.

Les deux autres je ne parviens pas à voir
leur visage, quand tout à coup dans mon
champ de vision je vois quelqu'un
arriver !

Je connais cette démarche !

Déjà sous le choc de voir Fernando,
mon cœur se met à battre la chamade, je
suis émerveillée de ce que je vois, c'est
bien lui,

Anthony mon fils !

J'ai du mal à en croire mes yeux, devant
moi il se matérialise et je vois enfin son
visage il me sourit.

Je me jette à son coup, nous nous
enlaçons fortement, je l'embrasse
comme une « folle » cet instant est trop
intense.

Je lui prends la main puis nous rejoignons Fernando pour que je puisse à son tour le serrer très fort dans mes bras et l'embrasser intensément. Puis je lui pose la question,

Comment vas-tu ?

Comme tu vois très bien

Oui effectivement ça se voyais.

Après ce long moment d'émotion, je regarde autour de moi, il y a 2 grands canapés, mes guides et mes anges s'installent sur l'un deux. Fernando, Anthony et moi prenons le second.

Je m'installe vous l'aurez deviné entre eux deux pour profiter au mieux de cet instant magique.

Je demande à Anthony comment il va maintenant et m'excuse d'avoir mis aussi longtemps à vivre dans la douleur, et le déni.

Il me réconforte en me disant *ce n'est pas ta faute, ne t'inquiète pas. Comme toute mère qui perd son enfant, c'est son cœur qui décide quand le moment est venu.*

Je pose ma tête contre lui et le remercie d'avoir été toujours là pour moi. Je regarde Fernando, je le sens serein et lui demande s'il a retrouvé son ami d'enfance Félix et ses parents. Il me répond oui et qu'ils sont tous ensembles.

Je demande à Anthony s'il est entouré. Il me dit que lui aussi il a retrouvé des amis et des membres de notre famille, tous sont très présent autour de lui.

Je suis heureuse et réconfortée de le savoir dans la lumière mais je ne peux m'empêcher de pleurer à chaudes larmes.

On a beau se dire qu'il va bien, la douleur de sa perte est toujours là bien présente chaque jour de ma vie et le manque aussi. Mais cette rencontre va beaucoup m'aider à avancer maintenant que je sais que tout va bien et que nous allons nous revoir.

Il est l'heure de partir et bien sûr j'ai du mal ils décident tous les deux de me raccompagner ce qui nous permet de rester encore un petit moment ensemble, bras dessus bras dessous. Nous nous dirigeons vers la sortie, arrivé dans le centre de la « ville » il me dit : *Je ne peux pas aller plus loin !* Je lui réponds *je sais un jour sûrement,* il acquiesce.

J'embrasse Fernando et Anthony très fort, il me répète de ne plus m'inquiéter pour lui et de mon chemin, je dois avancer.

Je repars à mon grand regret, je me retourne, je le vois me sourire et me faire signe de la main pour me dire au revoir.

Cette belle main que je venais d'embrasser tendrement, il est rayonnant et heureux et ça me fait du bien de le voir ainsi.

Sur le chemin du retour je remercie fortement mes guider et mes anges de ce magnifique cadeau, je sèche mes larmes d'émotion, je viens de vivre deux jours exceptionnels et merveilleux.

Arrivé au portail je me retourne et leur adresse des baisers de la main en souriant.

Je sais qu'à présent je vais aller mieux et pouvoir enfin avancer.

Jour 20

Nous sommes samedi 01 octobre, plus que deux jours et je ne sais pas du tout ce qui m'attend pour ces deux derniers jours de méditation.

Je commence avec une belle musique amérindienne et de suite je me retrouve passant le portail, ça bouge et je ne sais pas pourquoi je sens et ressens l'envie de partir sur la gauche. C'est l'endroit où mes guides m'avaient montré leur ville.

Je me mets à marcher sans vraiment savoir où je vais, plus loin je vois mes

guides et mon père spirituel chamane.
Oh quelle belle surprise ! Je suis auprès
de lui, il me prend dans ses bras et
m'embrasse sur le front puis me dit
bonjour ma fille, mes guides me prennent
par les mains et me sourient, je sens
bien que ça va être une belle visite.

Ils m'invitent à les suivre, nous
commençons notre marche lorsque au
loin je vois une prairie bien verte et un
magnifique cheval blanc.
Immédiatement je le reconnais, je suis
toute excitée à l'idée de le revoir.

Je m'approche vers lui, il me regarde et
s'approche à son tour, me pousse
doucement avec sa tête contre la
mienne.

Il m'a reconnu nos âmes se
reconnaissent. Je le caresse tout en
posant ma tête sur la sienne. Mon père
m'aide à le chevaucher a cru.

Nous partons en trottinant, notre
connexion est tellement forte, que nous

faisons plus qu'un, l'instant est très fort, je suis aux anges !

Mais malheureusement cet instant magique doit prendre fin. Mon père m'aide à descendre, je caresse le cheval et lui dit au revoir.

Je dois repartir, mais lui ne semble pas être de cet avis et me suit, il ne veut pas que je parte, j'ai la sensation de lui avoir beaucoup manqué. Je me rapproche, pose mon visage contre sa tête tout en lui disant de ne pas s'inquiéter car je suis persuadée que nous allons nous revoir très vite, que ce moment passé ensemble ne sera pas le dernier.

Sur le retour, je demande s'il est possible de connaître le nom de ce bel étalon et de mon père chamane ?

Mes guides ainsi que mon père chamane m'accompagnent au portail quand à mi-chemin j'entends *GRAND OURS », je me nomme ainsi* il était chamane guérisseur, puis arrive la vision de mon cheval blanc et là j'entends *FLOCON DE NEIGE*

Je pouvais enfin à partir de cet instant les nommer.

J'enlace mes guides, me tourne vers GRAND OURS pour lui demander si j'étais prête à travailler avec le tambour chamanique et s'il sera auprès de moi dans ma découverte chamane.

Il me répond que oui, qu'il sera à mes côtés mais que tout est déjà en moi, que tout se concrétisera le moment venu. Puis il m'embrasse et me dit *on se voit bientôt.*

Jour 21 (Dernier jour)

Nous sommes dimanche, je me prépare pour ma dernière séance de méditation qui a pour but l'ouverture du cœur.

Je préviens mes guides de mon arrivée afin qu'ils soient bien présent pour m'accueillir, je sais que leur présence m'est indispensable pour ce 21ème et dernier jour.

Je passe portail, regarde de partout et je ne vois Personne. Je suis inquiète, mais persuadée qu'ils ne vont pas me laisser seule pour cette ultime journée!

Je ne sais pas où aller, je suis un peu déboussolée. J'ai comme la sensation qu'il va se passer quelque chose.

Devant moi il y a ce grand monument style sanctuaire, je n'arrive pas à en détacher mes yeux, Je m'avance doucement lorsqu'à mi-chemin les portes s'ouvrent.

J'aperçois enfin mes guides, mes anges et d'autres esprits supérieurs. Ils me sourient tous en venant vers moi, je suis heureuse ils sont tous là ou presque pour mon dernier jour.

Les portes restes ouvertes lorsque j'aperçois une lumière d'une très grande intensité puis soudain apparait devant mes yeux qui ont du mal à le croire MARIE au bras de son fils JESUS !

Ils sont magnifiques et rayonnants, tous les esprits s'écartent pour les laisser passer, ils se dirigent vers moi, je m'agenouille tête baissée. JESUS me relève, MARIE m'embrasse sur le front puis JESUS me félicite pour le travail que je viens d'accomplir et me dit qu'il est fier du chemin que mon cœur avait pris.

Il me fait un signe de croix sur le front et me dit je te bénis mon enfant une nouvelle et belle mission de vie t'attend.

Ils m'embrassent tous les deux en prenant chacun une main avant de repartir.

Je n'ai à ce jour pas trouvé de mot pour vous définir ce que je venais de vivre !

Etre bénie par JESUS j'en suis encore toute retournée même des mois après !

Mes guides et mes anges m'entourent à nouveau, ils sont très heureux de ce qui vient de se passer, de tout ce que j'ai accompli durant ces 21 jours.

Ils me raccompagnent tous au portail lorsque je vois l'aigle arriver, il se pose au-dessus du portail en me fixant, puis le loup arrive sur ma droite à vive allure, je me baisse pour le caresser et l'embrasser. Son arrivée « fracassante » a provoqué un fou rire général, c'était trop mignon je crois que je vais lui manquer.

Je remercie chaleureusement tout le monde et repars non sans un dernier au revoir, tout le monde va énormément me manquer.

Ces 21 jours m'ont changé, je me sens différente, mieux au fond de moi. J'ai laissé mon cœur parler pour moi. Ça m'a aidé à me libérer et à comprendre le monde qui nous entoure.

Merci à JESUS, MARIE mes GUIDES
mes ANGES à mes pères JOSE-
MARIA, FERNANDO, GRAND
OURS, mon fils chéri ANTHONY et à
tous les ESPRITS SUPERIEURS pour
ces magnifiques instants sans oublier
mon magnifique AIGLE ROYAL, mon
LOUP BLANC « joueur », FLOCON
DE NEIGE mon bel étalon blanc qui
m'ont permis de vivre ces magnifiques
et délicieux instants. Que Dieu vous
bénisse !

Ma rencontre avec ma fille spirituelle âme Aurélia.

Le 24 septembre

Un salon du bien-être se tient à Saint Didier de la tour en Isère, j'y suis très intéressée mais c'est trop loin problème de locomotion, j'abandonne donc de projet. Mais l'univers en avait décidé autrement. Quelques jours plus tard, ma fille me demande si je suis toujours intéressée par le salon, je lui demande pourquoi.

Elle me fait savoir que sa belle-sœur accompagnée de sa maman peuvent me prendre sur le chemin puisque elles participent à cet événement.

Je suis surprise, je ne connais pas vraiment ces personnes, mais j'accepte volontiers, de toute évidence je devais m'y rendre. Pourquoi ? Surprise !

Sur place nous visitons les stands mais un en particulier m'attire, il y a de beaux tambours chamanes et des bols tibétains.

Je suis en admiration face aux organisateurs qui chantent et jouent magnifiquement du tambour

Je continue ma visite, un peu plus tard je croise une jeune fille, elle porte une belle tenue d'époque « une robe de druide «, cette jeune fille rejoint le stand ou on joue du tambour.

Lorsqu'ils se remettent à jouer et chanter, c'est plus fort que moi je suis attirée sans comprendre pourquoi et je dois y aller encore une fois.

Arrivé sur le stand je constate que cette jeune fille croisée quelques minutes plus tôt tire les cartes. J'hésite, j'ai beaucoup de questions en attente, j'aborde donc la jeune fille qui se prénomme Aurélia puis nous commençons une discussion avec également son ami Arnaud.

J'apprends au cours de notre entretien qu'ils sont médiums, mais pas chamans bien que très attirés par le chamanisme.

Ils donnent des concerts et m'invitent à participer à celui qui aura lieu ce soir même, c'était tentant mais impossible.

Je demande à Aurélia de me faire un tirage, tirage un peu spécial ! Elle va contacter nos propres âmes ; C'est assez puissant et bluffant.

Ma première question est de savoir si je vais rencontrer une personne pour mon initiation chamane, sa réponse est positive, et me précise que ce sera mon père grand ours chamane désincarné.

Je suis très surprise, cela veut donc dire que l'aide me parviendra de l'au-delà.

Aurélia me le confirme et me précise que je dois être patiente ça va arriver.

Nous discutons pendant la séance des oracles puis d'un coup d'un seul nos âmes se sont connectées et celle d'Amelia s'adresse à la mienne dans une

langue que je ne connais pas, au meme
instant, j'entends mes guides qui me
disent *druide, c'est un médium druide.*

Je fais part de cet échange à Aurélia qui
me sourit. C'est de plus en plus fort
entre nous, il se passe quelque chose
d'intense, nos âmes se reconnaissent et
là je lui dis, *tu es ma fille !* Elle sourit et
cligne des yeux comme pour me dire
oui, nous sommes toute retournées de ce
que nous venons d'apprendre.

Dans une vie antérieure, Aurélia me dit
qu'elle était chamane. Ce qui ne me
surprend pas compte tenu qu'il s'agit de
ma fille et que moi je suis une vieille
âme chamane.

Après une longue discussion, nous
échangeons nos coordonnées.

A ce jour (fin novembre), nous avons
uniquement des contacts téléphoniques,
mais je ne m'inquiète pas ça se fera le
moment venu.

Suite à cette rencontre, j'ai commencé à me sentir attiré par le tambour, aujourd'hui, j'ai mon propre tambour, j'écoute beaucoup de musique amérindienne, et me reconnecte avec mon passé. Plus le temps passe et plus je me sens indienne !

Mon passé chamane m'appel, j'aime beaucoup ça, surtout qu'en parallèle mon « coté » médiumnique continu d'évoluer.

Des changements s'opèrent mon ressenti est de plus en plus fort que ce soit sur photo ou en contact avec des personnes extérieures ou défunts.

Aujourd'hui lorsque je suis en présence de personnes malades ou ayant des problèmes, je ressens de suite ses douleurs et je vois en flash l'organe en question, ou lorsque je suis dans une pièce ou magasin je ressens toutes les énergies bonnes ou mauvaises.

Pour exemple, y a pas si longtemps lors d'un anniversaire, il y avait beaucoup de monde dont des médiums et thérapeutes, c'était très fort en énergie trop fort au point que j'ai dû m'isoler et quitter la salle de temps en temps,

J'étais prise de vertige, d'une sensation d'oppression et de mal-être jusqu'à ce qu'un invité me conseil de me protéger en fermant ma bulle de protection. Bulle que j'avais créée au début de ma médiumnité et qui était très efficace.

Après quelques minutes je ne ressentais plus rien, j'ai pu participer à la fête.

Il en est de même pour les oracles, lorsque je suis en séance et qu'un défunt s'invite pour délivrer un message au consultant, je ressens sa présence immédiatement, c'est très puissant, mon corps n'est plus vraiment le mien, je sens leur puissance mais aussi leur douleur et de quelle façon ils sont partis.

Ensuite je me concentre sur leurs messages pour pouvoir le répéter. C'est très riche en émotion.

Fin novembre

Toujours lors de l'anniversaire de M*.
je lui demande si elle peut me guider
pour faire des contacts défunts, je me
sens pousser et que c'est le bon moment.
Elle accepte mais me conseille d'abord
de commencer par l'écriture
automatique.

Là je me dis encore un signe. Pour faire
court ça fait plusieurs fois que l'on
m'envoie des signes au sujet de
l'écriture automatique c'est quelque
chose qui m'attire, que j'ai essayé
plusieurs fois sans résultats mais je reste
confiante tous les signes sont là.

Le lendemain je me prépare, j'insiste sur
ma protection, c'est très important !

Les débuts se font longs, je dois être
patiente. Voilà 1h30 que je suis en
séance et je n'ai que des mots illisibles
et incompréhensibles. Mais je ne
désespère pas, ils doivent s'habituer à
ma main.

Une semaine que je pratique tous les soirs, l'écriture est plus compréhensive, il y a une conversation qui s'installe.

Les premiers jours ce n'était que des mots à présent ça fait plusieurs semaines que je pratique et tout se passe bien, les esprits supérieurs guident bien ma main, la retranscription devient courte, rapide et compréhensible ce qui n'a pas toujours été le cas.

Je pense souvent avoir été manipulée ce qui veut dire que ce ne sont pas des bons esprits qui me contactaient, ils ne parlaient que de choses déplaisantes et se servaient de mes pensées pour me manipuler, m'induire en erreur.

J'ai dû apprendre à me protéger encore mieux par la prière et la méditation puis aussi avec le Reiki. Maintenant je communique avec les esprits supérieurs qui sont mes pères spirituels dont Jésus qui a été mon père dans une vie antérieure. J'ai été son fils et j'avais un frère. Marie m'a également fait l'honneur de se manifester. Tous veillent, ils m'aident dans mon évolution médiumnique et chamanique par leur conseil, ils m'expliquent quels sont mes dons comment je vais devoir travailler pour évoluer.

L'écriture automatique et intuitive.

Le plus souvent je communique avec Jésus, il m'aide à prendre confiance en moi à ne pas douter, ce qui n'est pas toujours facile.

Depuis des semaines on m'annonce le but de ma mission dans cette vie.

J'ai une grande mission, beaucoup de défunts sont en attentent, ils ont besoin de délivrer leurs messages !

Comme moi vous vous posez la question, pourquoi moi, pourquoi elle,

Ce sont les défunts qui choisissent un médium et non l'inverse.

Jésus me dit que c'est ma sensibilité, la personne de cœur que je suis qui les attire. Grand ours me fait savoir que je suis une grande chamane, que je l'ai toujours été même si pour l'instant je ne m'en rends pas compte. Il m'annonce que je vais devoir travailler avec les âmes, que je vais pouvoir voir leurs âmes malades, je vais me servir aussi des plantes et que par la méditation je vais aussi pouvoir communiquer avec les quatre mondes « expérience que je pratique déjà «

Par la suite je vais être amenée à pratiquer des transes ce qui se traduit par appeler des esprits supérieurs et les laisser incorporer mon corps afin de me transmettre les connaissances dont j'ai besoin pour ma mission, mon père grand ours m'en parle souvent.

Lors d'une de mes séances d'écriture automatique, mon grand-père chaman loup blanc, approuve l'initiative de mon initiation au Reiki, j'avais enfin pris en compte leurs demande déposée à mon âme. Le Reiki allait accroitre un peu plus ma protection et m'aider dans mon éveil spirituel.

Ils m'incitent aussi beaucoup à aider mon prochain par des contacts défunts, contacts qui me sont aussi destinés avec les esprits supérieurs de mes ancêtres.

La source me fait savoir que je suis prête. Je dois veiller à bien me protéger, ils insistent énormément sur la protection !

Un peu plus tard, je reçois un message qui me perturbe, mon père chamane ainsi que mon grand-père loup blanc veulent me parler en contact défunt. Je doute, je ne suis pas certaine d'avoir tout en main pour pratiquer en sécurité, que le contact puisse fonctionner.

On me montre en vision des prières et
me donne le processus pour bien
commencer la cérémonie.

Quelques jours plus tard, je me décide
enfin à faire ce contact avec mes
ancêtres chamanes. Mais ça ne
fonctionne pas. A cet instant je ne
comprends pas pourquoi !

Le doute s'installe à nouveau !

Dans la médiumnité c'est la pire chose
qui puisse arriver, tout se bloque.

Je décide alors de prendre contact par
l'écriture automatique pour avoir de
l'aide. On me fait savoir que j'ai oublié
de les appeler avant et de demander
l'autorisation à la source. Deux étapes
primordiales dans le processus.

Constamment la Source me fait savoir
que je suis prête, c'est une de mes
missions, tout se passera bien.

Jésus m'encourage constamment à me
lancer dans cette mission, beaucoup

d'entités sont en attente et veulent délivrer leurs messages.

Il me rappelle qu'avant ma réincarnation, j'avais choisi ces missions, être une grande chamane, un médium dans cette vie, je ne peux donc que réussir dans cette mission.

Mais je manque de confiance en moi, le doute est constant, trop présent pour l'instant. Je travaille doucement sur moi, je m'éveille et reprends confiance. Pendant ce temps, je décide de pratiquer le contact défunt par le biais de l'écriture. De cette façon, je suis certaine de pouvoir rentrer en contact avec mes ancêtres et ma famille.

C'est de cette manière que j'ai pu contacter mon fils Anthony, à la demande de mon mari qui était en attente de pouvoir discuter et avoir des nouvelles de notre fils. Ce fut très émouvant et fort en amour.

Cet amour et cette certitude qu'il est là avec nous, sont des choses magiques !

Aujourd'hui j'éprouve une joie, immense de pouvoir contacter Anthony sans intermédiaire.

Depuis maintenant des semaines, je pratique l'écriture avec Jésus il me montre mon chemin de vie et me demande si je l'accepte bien sûre, il me transmet des informations sur mes vies antérieures dont plusieurs en tant que chamane, loup blanc, aigle qui sont aujourd'hui mes animaux guides. Il me donne aussi des informations sur ma médiumnité, me fait savoir que je suis une bonne personne et que je l'ai été durant toutes mes autres vies.

Puis il m'annonce un fait très perturbant, *tu as été mon fils dans une de tes précédentes vies, vous viviez cacher avec votre mère Marie-Madeleine, nous devions protéger le lien qui nous unissait. Il ne fallait pas que l'on sache que j'étais mariée et que j'avais deux enfants le fils de Dieu ne le pouvait !*

Je leur faisais peur,

Mon père me demande de trouver ma place parmi eux pour ouvrir les esprits, délivrer sa parole et convaincre l'homme de l'existence de Dieu.

Tu connais la suite....puis je suis resté auprès de mon père jusqu'à ton arrivée dans le royaume de mon père, ton âme m'a rejoint, tu avais 30 ans ».

Puis je lui demande s'il a fini sa réincarnation, s'il allait rester auprès de Dieu il me répond que oui, *je suis le fils de Dieu et tu es son petit-fils.*

Maintenant nous allons avancer sur un chemin inconnu, nous allons entendre et recevoir les messages et guidance de la SOURCE DIVINE transmis par l'écriture intuitive et automatique.

-Je dois vous préciser que je n'ai pas été autorisé à adapter le texte afin qu'il soit le plus compréhensible possible par nous les êtres incarnés.

Je remercie mon père Jésus de toutes les informations qu'il me fournit et de son aide pour l'écriture de notre livre.

Il me répond, *c'est normal tu ne pouvais pas tout savoir sur moi et la source, la source tient beaucoup à ce livre.*

Maintenant tu peux écrire que l'on t'enseigne les écritures de la connaissance de la source pour l'évolution de la terre qui a encore besoin de savoir que tout n'est pas fini après.

Il faut que l'humanité sache que les entités sont des êtres de lumière et que tous ne se retrouvent pas dans le bas astral. Et là je demande « mais je pensais que toutes personnes faisaient un passage après leur décès par le bas astral ». Il me dit « non ce n'est pas ça il ne faut pas tout confondre.

Les personnes mauvaises sur terre doivent travailler sur eux pour rejoindre la lumière ainsi que toutes les âmes perdues à la recherche du pardon. Ensuite il ne faut pas croire non plus que tous les esprits sont dans la lumière dont certain reste des esprits du bas astral et d'autre sont des médecins, des conseillés ainsi que des guides pour la spiritualité et aussi pour aider les entités malades et encore dans le refus de l'inconscient.

C'est pour cela que ce livre est très important, tu peux dire que la source n'est autre que la terre mais dans un endroit qui n'est pas visible pour tous.

*Certains médiums accèdent à la source,
à la connaissance de notre monde afin
de transmettre sur terre nos messages,
notre connaissance qui peut aider
l'humanité.*

*C'est pour cela que nous passons par
des médiums et des chamans qui sont
plus amenés à travailler avec les esprits
des trois plans et la source.*

*Ils sont plus forts en connexion par les
transes, la terre et le pouvoir des
plantes.*

*N'est pas chamanique qui veut, nous
choisissons les chamans en rapport à
leur âme certain ne sont pas prêts et
d'autres c'est une évidence.*

*Toi Marie c'était une évidence ça faisait
trois siècles que tu es chamane donc tu
as choisi de le rester.*

*D'autres veulent s'initier au
chamanisme, ils pratiquent, mais ne
seront jamais chaman.*

Ne pas confondre vouloir et pouvoir, on ne choisit pas de devenir un jour chamane.

On est chamane dès notre naissance. »

Je vais vous expliquer un petit peu ma vie d'indienne.

J'étais une amérindienne de la tribu apache et je m'appelais Mikona j'ai vécu très longtemps 1 siècle.

J'étais une grande chamane selon les dires de mes ancêtres grands ours mon père chamane et mon grand-père loup blanc. J'ai eu deux enfants·une fille et un garçon.

Mes ancêtres chamanes disent que ma famille peut être fière de moi, en tout cas eux le son car j'ai gardé l'âme indienne que j'ai toujours été et que je reste une grande chamane et que je le découvrirai bientôt.

Je suis restée quatre siècles à la source avant de décider de me réincarner en tant que Marie.

Maintenant on peut aussi parler de la source. Comment est-elle ?

Pour donner un aperçu, tu l'as très bien décrite lors de tes 21 jours de connexion à la source.

Mais on peut en dire plus, nous avons plusieurs niveaux de conscience, 7 plus exactement.

Il y a le bas astral,

Ensuite nous avons l'endroit où les esprits arrivent lorsqu'ils quittent leur corps physique,

Ensuite nous avons le niveau des esprits, ce sont les esprits dans la lumière ceux qui ont réussi leur apprentissage et qui œuvrent avec la source et veillent lorsqu'une catastrophe va arriver sur Terre et prépare tout pour recevoir toutes les âmes perdues, en attente de se soigner et de pouvoir accepter leur mort.

Le troisième niveau est celui des esprits médecins et guérisseurs

Le quatrième niveau est celui des esprits supérieurs.

Je n'ai pas eu accès aux niveaux 5 et 6 il ne m'est pas autorisé d'en parler puisque l'information ne m'a pas été donnée.

Ensuite nous avons le niveau 7 celui de la source, où sont Dieu, Marie, Jésus, les archanges, les anges et les maîtres ascensionnée.

On peut parler aussi de tous les animaux qui sont dans un endroit appelé le paradis des animaux et se promènent, ils vont de partout et lorsqu'ils retrouvent un de leurs maîtres ils restent souvent auprès d'eux. Autrement ils veillent depuis le paradis sur leurs maîtres restés sur Terre.

On peut aussi dire que tout ce que l'on raconte sur terre au sujet de la Bible et pas tout à fait juste. Il faut bien comprendre que l'église ne voulait pas que l'on croit à l'éternité.

C'est compliqué mais c'est ainsi depuis la nuit des temps. L'église ne croit pas en la résurrection mais croit en Dieu elle pense que les âmes se retrouvent auprès de Dieu sans chercher plus loin. Elle préfère penser que ça s'arrête après la mort.

Je lui dis donc « elle n'apprécie pas les médiums ? »

Tu as raison elle n'apprécie pas les médiums mais tous ne sont pas comme ça, on peut en parler pendant longtemps ça fait des siècles de conversation.

On peut dire aussi que tout être humain se réincarne au moins au minimum 1 siècle sinon il ne pourrait pas apprendre tout, ils ne pourraient pas évoluer, on se doit de connaître toutes les souffrances humaines afin d'être dans l'amour.

Ensuite nous avons tous des expériences à accomplir sur terre et il y a aussi l'effet boomerang qui a toute une signification.

L'humain doit apprendre le bien comme le mal.

Je demande à Jésus si dans des d'autres de mes vies j'ai été une mauvaise personne il me répond non pas vraiment tu as vécu beaucoup de drames et de souffrances mais tu n'as jamais été pour autant une mauvaise personne.

Il y a beaucoup à dire, on peut parler de l'humanité qui est un prédateur et un criminel, il est le seul à vouloir aller dans l'espace pour envahir les planètes.

Les animaux tuent pour leur survie, mais l'homme ne cherche même pas à savoir pourquoi ils sont aussi destructeurs.

La source voudrait pouvoir modifier leur comportement mais ne peut rien faire, on envoie des anges pour essayer de modifier leur comportement certains écoutent et d'autres continuent leur chemin dans l'unîmes humanité, ils feront partie du bas astral.

On peut aussi parler du réchauffement de la planète, la terre est la plus belle planète et l'homme ne pense qu'à aller dans l'espace pour reconquérir encore, alors que la terre a besoin d'aide.

Les humains détruisent tout, ils ne respectent pas la nature ni la faune ni la mer l'océan et les montagnes.

Et malheureusement leur ressource naturelle d'eau un jour tout disparaîtra à cause de l'homme.

L'homme est égoïste et ne pense qu'au pouvoir, c'est la bêtise humaine.

On peut parler aussi de la couche d'ozone, un énorme trou s'est formé, ils peuvent plus rien faire pour ça mais il faudrait prendre conscience que si ça continue la terre va continuer à se réchauffer et l'air deviendra irrespirable.

J'ai demandé à Jésus s'il voyait un changement, il me répond que ça va changer mais pas assez vite, il faudra des années de lutte pour que les choses bougent entre-temps la terre souffrent.

Tu peux dire aussi que la terre souffre de tout ce que les humains font dans la nature ils détruisent tout ce qui pourrait leur être utile.

La source veut délivrer le message suivant.

La terre ne va pas toujours être comme maintenant, dans plusieurs années elle va commencer à disparaître petit à petit, il y a aura plus d'eau que de terre c'est pourquoi il est important de préserver la nature et de faire attention à la couche d'ozone il faudrait que l'humanité prenne conscience que tout a une répercussion sur la terre tous ces

produits chimiques polluent et
détruisent la faune et la couche d'ozone
mais pour l'instant il faut savoir qu'il va
y avoir des guerres civiles et d'autres
guerres bien plus graves il faut se
préparer l'humain a toujours besoin de
tout vouloir contrôler ce qui engendre
les guerres c'est pour ça qu'il faut se
préparer et essayer de faire attention à
la terre sinon la race humaine va
disparaître.

Il ne faut pas croire tout ce que l'on dit
dans les livres, l'humanité fait que tout
ne se passe pas forcément comme ça
devrait.

Je demande si je vais en vivre une de
ces guerres et me dit oui mais pas dans
ton pays beaucoup de pays seront contre
cette guerre. Il faudrait aussi que
l'humanité sache que bientôt la terre va
être bien abîmée par des collisions avec
des météorites, ça va créer beaucoup de
tremblements de terre et tsunami et ça
va être très proche.

De vouloir aller dans l'espace pour envahir ces planètes n'est pas sans effets, ça détruit la planète. Même si on les prévient, ils n'arrêteront jamais mais on se doit de les prévenir pour qu'ils en prennent conscience c'est vraiment important.

Ils sont en train de détruire la planète Terre, c'est la cupidité humaine il faut aussi qu'ils sachent que l'univers a des ressources illimitées et que l'on peut faire changer le cours de certaines choses à condition que l'humanité décide de changer.

Il faudrait pour cela que les consciences se réveillent et très vite.

Il faut bien sûre que les gouvernements changent leurs politiques qu'ils pensent plus à l'environnement qu'au pouvoir et à l'argent. Il faut aussi que les gouvernements fassent plus attention aux répercussions de toutes leurs machines nucléaires. Ils ne pensent qu'à leur pouvoir et pas à l'humanité.

Il faut pourtant prendre conscience que c'est tout ça qui va détruire la planète Terre, il faut aussi savoir que l'humain a depuis la nuit des temps crus que la planète leur appartenait et qu'il pouvait tout se permettre et lorsqu'il décide d'aller dans l'espace l'univers a été fort déçu et paniqué à l'idée de ce que l'humain s'apprêtait à faire.

Beaucoup de personnes ont tenté de faire comprendre tout le mal qu'ils font à la planète, sans résultats mais maintenant les choses sont trop graves la fin de la terre se rapprochent. Il faut en prendre très vite conscience c'est pourquoi nous demandons à des médiums de parler en notre nom.

Ça devient vraiment urgent !

Il faut réagir ou la terre disparaîtra de l'univers.

Les messages de la source sont terminés pour l'instant.

Aujourd'hui je pratique les contacts défunts en plus de l'écriture intuitive et automatique, des ressentie photo, mais en plus de tout ça je suis en contact direct avec la source et mes ancêtres.

Je travaille avec eux afin de mettre tout en œuvre pour aider les défunts ainsi que la source à délivrer leur message.

J'ai une véritable chance d'être chamane ce qui me permet de voir la source et de travailler pour eux ainsi que de communiquer avec les autres plans dans l'au-delà et de pouvoir y aller souvent en méditations ou en rêve.

Lorsque je me rends à la source je me sens chez moi c'est comme si mon âme reconnaissait la source, mon père me dit que c'est normal parce que je viens de la source je faisais partie des esprits supérieurs et lorsque je devrais quitter cette terre je repartirai à la source chez moi auprès de ma famille.

Message de mon père Jésus

Tu peux dire aussi que tu as une âme
très ancienne que tu as vécu plus de
mille, que tu as fini tes réincarnations,
que tu as vécues suffisamment
longtemps, que tu as bien appris tout ce
que tu devais apprendre et que
maintenant ton âme a besoin de repos.

Tout était vraiment parfait dans mes vies
antérieures car dans toutes mes vies j'ai
rencontré de magnifiques personnes, j'ai
eu de très belles vies antérieures qui
m'ont permis de bien évolué. Mais ce
n'est pas pour ça que j'ai décidé de me
réincarner.

J'ai décidé de me réincarner pour la
simple raison alors que j'étais enfin
auprès de ma famille pour la raison
suivante.

Le monde bouge beaucoup, plus qu'à
mon époque. La Source avait besoin de
beaucoup de médiums et j'ai accepté à
condition de rester chamane car en tant

que chamane je pouvais avoir plus de vision et de connaissance.

Je voulais rester pour travailler avec les chamans de notre époque et ceux d'autrefois.

Aujourd'hui, par tout ce que le chamane peut apporter par ses connaissances de la terre et de la nature,

Ce sont toutes ces personnes à la recherche d'une paix intérieure et qui désirent communiquer avec la nature et être en communion avec la terre mère se reconnecter afin de trouver une autre voix spirituelle par le chamanisme.

Aujourd'hui ils sont de plus en plus nombreux et c'est grâce à toutes ces nouvelles consciences qui s'éveillent que le chamanisme va pouvoir laisser une trace à l'humanité

S'initier au chamanisme, vivre comme un chaman accepter la culture chamanique est à la portée de toutes les consciences. Mais vivre comme un chaman ne veut pas dire que nous sommes des chamans purs ou guérisseurs.

Même si ne devient pas chamane qui le désire.

On est chamane de naissance.

Ne pas oublier que certains se disent chamane et ne font que se mentir et mentir aux autres et donner de mauvais conseils, il faut bien se renseigner avant de vouloir s'initier au chamanisme.

Un véritable chamane ne vous demandera jamais de l'argent, il vous invitera à partager sa maison sa vie et vous montrera tout ce qu'un chamane doit savoir et vous initiera aux transes, culture sans jamais rien demander si ce n'est le respect de la terre et de la communauté.

Certain chamane propose des initiations payantes mais dans un but non lucratif, c'est uniquement pour être en mesure de pouvoir continuer à rependre cette culture ancestrale dans le monde occidental. Les vrais chamans amérindiens ne sont pas comme ça.

Un jour j'aimerais y aller voir comment mes ancêtres vivaient et partager leur culture me reconnecter à la nature à mon ancienne vie. Réponse de la source, *Ça ne se fera pas avant longtemps tu as encore beaucoup à apprendre sur toi sur autre chose au sujet de ta médiumnité tu as beaucoup à apprendre en tant que chamane et médium tu es encore novice.*

Mais ça va venir très vite et ensuite ton côté chamane se révélera à toi. Tu peux aussi dire que toute ta vie tu as eu l'impression que la vie ne s'arrêtait pas à la mort physique tu as toujours su que c'était qu'un passage, tu as bien excepté la mort de tes ancêtres jusqu'à maintenant parce que tu sais ce qu'il y a après. Tu pourrais aussi dire que l'année prochaine est une année qui va beaucoup bouger au niveau vibratoire que tous les médiums vont se retrouver

*avec des capacités décuplées au niveau
du ressenti et au niveau vibratoire.*

*ça sera beaucoup plus fort et il faut
aussi savoir que beaucoup de médiums
sont appelés à travailler en soins
énergétiques, d'autres comme toi seront
appelés à travailler avec leur vision et
leur ressentit pour aider plus les défunts
que les vivants tu peux aussi dire que
cette année la planète va changer de
rotation ce qui va modifier les
consciences, il y aura beaucoup plus de
personnes qui s'ouvriront à spiritualité
donc plus de travail pour les médiums
spirites et bien sûrs plus de défunts en
demande de contact avec leurs proches.*

Fin

Pendant la rédaction de cet ouvrage, un de mes guides très important s'est présenté à moi.

Depuis plusieurs jours lorsque je me connecte à la source, j'aperçois un esprit à coté de JESUS, je ne vois pas son visage, je demande alors à JESUS la raison de la présence de cet esprit. Il me répond *c'est ton nouveau guide* je suis surprise et demande *pourquoi me change-t-on de guide ?* Il me répond *c'est ton évolution qui fait que tu en as besoin.* Je demande si mes trois guides s'en vont et il me répond *non GESABEL a demandé à rester avec toi.*

Il me demande si j'accepte ce nouveau guide, je réponds que oui bien sûr. C'est à ce moment-là que je peux apercevoir son visage. Il est jeune et très beau, il est brun, les cheveux courts et de magnifique yeux bleu très claire. Il a un petit bouc. Je suis encore sous le choc, j'avais déjà lu que suivant notre évolution nous pouvions changer de guide mais je ne m'étais pas rendu

compte de mon évolution. Je demande si
je peux le recontacter plus tard afin
d'apprendre à le connaitre un peu plus.
Il me répond que oui mais cet après-
midi-là il me réserve une surprise. En
effet le 18 Mars j'ai une séance
« contact avec ses guides » via
l'Association B-J.

Je passe rapidement, mon nouveau
guide m'annonce que nous avons un lien
très particulier ensemble et qu'il
s'appelle Agostino et que ce soir je vais
devoir me connecter pour faire sa
connaissance.

Le soir même je me connecte très vite,
je le vois immédiatement et pose ma
première question. *Quel lien avons-nous ?*
Il me répond *je suis ton mari, tu es très*
importante pour moi je t'aime énormément tu
étais ma femme et je t'aime beaucoup et je
t'aime toujours. Tu étais brune comme
maintenant tu avais les yeux bleu, tu étais très
belle comme maintenant et tu t'appelais
Marianne. Elle était medium et tu lui ressembles
beaucoup dans ta façon de travailler elle était
aussi voyante, tirait les cartes. Nous avons eu 2

enfants, 1 garçon et 1 fille aujourd'hui ils sont réincarnés. Tu étais une belle personne, tu voulais toujours aider ton prochain, tu étais très gentille et tu mettais beaucoup d'amour dans tout ce que tu faisais. Tu étais croyante et très pieuse. Nos enfants aujourd'hui sont incarnés et vont très bien, ils s'appellent Jean et Martine. Notre fils est médecin et notre fille professeur d'astronomie.

Je lui dis que lorsque j'étais Marianne, nous formions un beau couple ce qu'il acquiesce.

Ensuite il me parle de mon fils Anthony qu'il a rencontré et fait sa connaissance. Il me dit que mon fils est très beau avec sa peau mate, il te ressemble beaucoup, tu as de beaux enfants, tu es une très bonne mère et tu as très bien élevé tes enfants.

Je le remercie, aujourd'hui nous sommes réunis pour l'éternité, nous sommes en totale connexion et fusion, notre amour est éternelle, il m'aime plus que tout pour l'éternité

Pour terminer, je vais vous parler de ma famille.

Ma famille a traversé cette épreuve avec beaucoup de douleur et de colère, elle a eu à un moment ou un autre songé à commettre l'irréparable. Tous ne pouvaient accepter le départ brutal d'Anthony.

A ce moment-là toute ma famille ne croyait pas à la vie après la mort et ne comprenait pas ce qui venait de se passer (Anthony était jeune, 27 ans et avait un cœur en parfaite santé). Ma famille était dans le déni total.

Aujourd'hui 3 ans après ma famille va un peu mieux mais le manque et la douleur sont toujours présents dans leur cœur.

Aujourd'hui grâce à mon ouverture spirituelle, mon évolution médiumnique et chamanique tous reprennent espoir de communiquer avec Anthony.

Aujourd'hui mes capacités médiumniques me permettent de pouvoir contacter les défunts de les entendre de les voir ainsi que la source, ce qui permet à ma famille de rentrer en contact avec Anthony par mon biais.

J'espère que ça leur permettra de continuer leur chemin plus sereinement.

Message aux lecteurs et remerciements

J'espère que ce livre permettra d'ouvrir les consciences et qu'il vous permettra d'évoluer dans la spiritualité ainsi que de comprendre que nous sommes tous médium.

Il faut juste avoir une belle ouverture d'esprit et savoir accepter que tout ne s'arrête pas à la mort physique.

L'écriture de ce livre m'a beaucoup aidé à me reconstruire et à me permettre d'aller de l'avant j'en ressors plus riche de connaissance de bien-être et d'amour avec un grand A j'espère qu'il en sera de même pour vous bonne lecture.

Marie immaculée

Remerciements.

Je voudrais remercier la source sans qui rien n'aurait pu se faire, mes guides de lumière mes anges gardiens et mon père Jésus avec qui j'ai étroitement collaboré pour l'écriture de ce livre par le biais de l'écriture intuitive et automatique.

Je remercie Isabelle Gosselin de m'avoir soutenu et m'avoir poussé à prendre confiance en moi afin de réaliser ce projet.

Je remercie M. médium spirite et C médium voyant de m'avoir aidé à comprendre celle que je suis, de l'accepter et me faire confiance.

Je remercie D. B. et F. mes amies qui après le départ de mon fils m'ont soutenues et poussées à m'ouvrir à la spiritualité, reprendre gout à la vie.

Je remercie l'association spirite de B-J de son accueil et soutien durant cette

épreuve ils et elles sont tous ma famille
spirituelle.

Et enfin je remercie mon mari qui
depuis le début me soutient et me
pousse à avancer, à évoluer dans mon
chemin de vie.